Susanne Ziegler

Trauer-bewältigung für Erwachsene

WirmachenDruck.de
Sie sparen, wir drucken!

Alle Ratschläge in diesem Buch wurden vom Autor und vom Verlag sorgfältig erwogen und geprüft. Eine Garantie kann dennoch nicht übernommen werden. Eine Haftung des Autors beziehungsweise des Verlags für jegliche Personen-, Sach- und Vermögensschäden ist daher ausgeschlossen.

Email: info@edition-jt.de
www.edition-jt.de

JT Handels UG
Berumer Str. 44
26844 Jemgum

INHALT

Vorwort

Liebe Leserinnen und Leser,

Verlust und Trauer gehören zu den schmerzhaftesten und tiefgreifendsten Erfahrungen, die wir im Leben durchleben können. Der Tod eines geliebten Menschen hinterlässt eine unaussprechlich große und schmerzliche Lücke in unserem Leben und in unseren Herzen, die uns vor scheinbar unüberwindbare Herausforderungen stellt. In diesen dunklen und schweren Zeiten fühlen wir uns häufig allein und überwältigt und sind auf der Suche nach einem Weg, um mit unserer Trauer und unserem Schmerz umzugehen und wieder zurück ins Licht des Lebens zu finden.

Dieses Buch über die Trauerbewältigung soll Ihnen dabei helfen, diese Reise anzuleiten, und Sie auf Ihrem Weg begleiten. Es ist ein Werkzeugkasten, der mit Ratschlägen, Tipps, Übungen und Erkenntnissen gefüllt ist und Ihnen dabei helfen möchte, Ihre Trauer besser zu verstehen, sie anzunehmen und letztendlich auch zu überwinden. Was Ihnen dieses Buch dabei allerdings nicht bietet, sind simple Lösungen oder schnelle Heilungsmethoden, denn jeder Trauerprozess ist einzigartig und sehr individuell und wird sowohl von Ihrer Beziehung zum Verstorbenen als auch von Ihren persönlichen Erfahrungen und Ihrer einzigartigen Persönlichkeit geprägt.

Ziel dieses Buches ist es, Ihnen verschiedene Werkzeuge an die Hand zu geben, mit denen Sie Ihre Gefühle und Gedanken erkunden, Ihre Bedürfnisse erkennen und Bewältigungsstrategien entwickeln können, um mit Ihrer Trauer umzugehen. Dieses Buch ist eine Einladung dafür, die unterschiedlichen Seiten des Trauerprozesses mit einem offenen Herzen und einem offenen Geist kennenzulernen und sich auf eine Reise der Selbstheilung und des persönlichen Wachstums zu begeben.

Mögen die einzelnen Seiten dieses Buches Ihnen Trost und Inspiration spenden und Sie dabei unterstützen, Ihre Resilienz und individuelle Stärke zu erkunden, selbst die dunkelsten aller Tage durchzustehen und das Licht am Ende des Tunnels zu erreichen.

Ein Wegweiser durch den Schmerz

In den verborgenen Winkeln unseres Inneren und den stillen Ecken unseres Herzens ruhen die Erinnerungen an jene, die wir verloren haben. Der Verlust eines geliebten Menschen gleicht einem Sturm, der unsere Welt erschüttert und uns in ein Meer aus Emotionen stürzt. Trauer ist eine unvorhersehbare Reise durch ein Wechselbad der Gefühle, die jeden von uns irgendwann im Leben berührt. Sie kann sich wie ein undurchdringlicher Schleier über uns legen, der das Licht für immer zu verschlucken scheint. In diesen Momenten tiefer Dunkelheit fühlen wir uns oftmals einsam und verloren, während wir auf der Suche nach einem Lichtstrahl sind, der uns den Weg zurück ins Leben weist.

Dieses Buch begleitet Sie auf Ihrer Reise der Trauerbewältigung und fungiert dabei als wertvoller Leitfaden, der Sie dazu einlädt, sich auf den Pfad der Selbstheilung und der Transformation einzulassen. Es ermutigt Sie dazu, tief in Ihr Inneres zu blicken, um Ihre eigene innere Stärke zu entdecken und Ihre innere Widerstandskraft zu finden. Damit bietet Ihnen dieses Buch eine wertvolle Möglichkeit für persönliches Wachstum und innere Heilung.

Durch die einfühlsamen Anleitungen, inspirierenden Geschichten, bewährten Strategien und die Tipps für Angehörige und Freunde ist dieses Buch weit mehr als eine bloße Ansammlung von Ratschlägen und Übungen. Vielmehr ist es ein wertvolles Workbook und ein treuer Begleiter auf Ihrer Reise zur Heilung, der Sie dabei unterstützt, Ihre Trauer zu verstehen, anzunehmen und zu überwinden, sodass Sie trotz Ihres Verlustes ein erfülltes und sinnvolles Leben führen können.

Seien Sie auf Ihrem Weg zur Selbstheilung achtsam mit sich selbst und erlauben Sie es sich, Ihre Emotionen zu fühlen und Ihre Trauer in Ihrem individuellen Tempo zu durchleben. Möge dieses Buch Ihnen auf Ihrer Reise zur Bewältigung Ihrer Trauer als Quelle der Inspiration und Unterstützung dienen sowie Ihnen dabei helfen, die Dunkelheit zu durchbrechen und das Leben in all seiner Schönheit und Zerbrechlichkeit wieder in die Arme zu schließen.

Hinweis: In diesem Buch finden Sie QR-Codes, die Sie zu Audiodateien führen. Falls Sie keine Möglichkeit haben, die QR-Codes zu scannen, können Sie die Dateien auch über diesen Link finden:

https://bit.ly/3JURMWp

Verständnis von Trauer

TRAUERVERLAUF UND -PHASEN

Trauer ist ein normaler, natürlicher und emotionaler Prozess, der eng mit dem Gefühl der Traurigkeit verbunden ist. Trauer manifestiert sich dabei als eine tiefgreifende und facettenreiche menschliche Erfahrung und ist eine Reaktion auf den Verlust eines geliebten Menschen, einer Beziehung oder einer bedeutenden Lebenssituation. Sie durchdringt unser Dasein wie ein dichter Nebel, der die Landschaft unserer Seele umhüllt und unsere Welt mit Dunkelheit erfüllt.

Der Verlust löst eine Welle von Emotionen aus – von Schock, Verleugnung und Verdrängung bis hin zu tiefer Traurigkeit, Wut und gelegentlich sogar Schuldgefühlen. In den frühen Phasen der Trauer fühlen wir uns oft wie in einem endlosen Labyrinth verirrt, ohne Aussicht auf einen Ausweg. Doch im Laufe der Zeit lässt die Flut der Trauer irgendwann nach und ganz langsam finden wir unseren Weg zurück ins Licht.

Trauer entsteht als Reaktion infolge eines tiefgreifenden Verlustes – sei es der Verlust einer geliebten oder geschätzten Person, eines ideellen Guts oder durch die Erinnerung an solche Verluste. Dieser Verlust bringt das seelische Gleichgewicht der Hinterbliebenen massiv durcheinander. Der Weg, den Hinterbliebene zur Wiederherstellung ihres seelischen Gleichgewichts durchlaufen, und die Art und Weise, wie sie auf den Verlust reagieren, wird dabei als Trauer bezeichnet. Trauer betrifft Menschen auf emotionaler, körperlicher, spiritueller und sozialer Ebene und kann auf vielfältige Weise zum Ausdruck kommen, zum Beispiel durch das Verhalten, die Körperhaltung oder den Gesichtsausdruck.

Trauer ist keine gradlinige Reise. Sie gleicht eher einem unberechenbaren und undurchschaubaren Tanz zwischen Rückschlag und Fortschritt, zwischen Verzweiflung und Hoffnung, zwischen Dunkelheit und Lichtblick. Dabei gibt es nicht die eine oder die richtige Art, zu trauern, denn der Trauerprozess ist sehr individuell und jeder Mensch durchläuft diesen Prozess auf seine ganz eigene Art und Weise. Während sich einige Menschen eher zurückziehen, alleine sein möchten und in ihrer eigenen Trauer verweilen, streben andere Menschen nach vorne und suchen nach neuen Wegen, um mit ihrem Verlust besser umgehen zu können.

Menschliche Verluste sind allgegenwärtig, sodass sich viele Forschende in den vergangenen Jahrzehnten zunehmend mit dem Thema Trauer auseinandergesetzt und versucht haben, unterschiedliche Trauerverläufe zu identifizieren und verschiedene Phasen zu formulieren, die trauernde Menschen durchlaufen können. Im Zuge dessen wurden verschiedene Trauermodelle entwickelt, die den Trauerprozess besser beschreiben und den Hinterbliebenen dabei helfen, die Komplexität ihrer Gefühle und Gedanken besser zu verstehen. Diese Trauermodelle sollten allerdings nicht als starre Vorgaben, die einen bestimmten Ablauf in einer festgelegten Reihenfolge vorgeben, verstanden werden. Vielmehr sind sie Erklärungsansätze, die aus der Beobachtung und der Begleitung von sterbenden und trauernden Menschen entwickelt worden sind. Die Reaktionen der Trauernden verlaufen dabei nicht zwangsläufig linear, sondern sind variabel und können sich sogar vermischen.

Das Stufenmodell nach Elisabeth Kübler-Ross

Trauerarbeit wird heutzutage oftmals mit dem Trauermodell von der schweizerisch-US-amerikanischen Psychiaterin und Sterbeforscherin Elisabeth Kübler-Ross (1958–1979) in Verbindung gebracht. Ihr Stufenmodell, das Kübler-Ross erstmals im Jahr 1969 vorstellte, gehört heute zu den bekanntesten und am häufigsten verwendeten Konzepten. Es umfasst das schrittweise Verhalten, die Reflexion, die Auflehnung und die Akzeptanz der gegenwärtigen Situation sowie das Bewusstsein für die eigenen Ängste und Wünsche des Sterbenden.

Ursprünglich postulierte Elisabeth Kübler-Ross, dass Sterbende selbst einen fünfstufigen Prozess chronologisch durchliefen und dass jede einzelne Stufe dieses Prozesses durch gut beschreibbares und voneinander abgrenzbares Verhalten sowie die damit verbundenen Gefühle geprägt ist. Ihr Fünf-Stufen-Modell wurde später auch auf Trauernde übertragen und wurde dabei von der Annahme geleitet, dass Trauernde den Sterbeprozess indirekt mit- und nachvollziehen können. Demnach durchläuft auch der Trauernde die fünf Stufen bzw. Phasen des Trauerprozesses, die von Verleugnung bis hin zur Akzeptanz reichen.

Stufe 1 – Verleugnung und Isolation:

In der ersten Phase des Stufenmodells lehnen Sterbende und Betroffene die Realität des bevorstehenden Todes ab. Dabei ist es nicht ungewöhnlich, dass sie Mechanismen der Vermeidung einsetzen und zum Beispiel das diagnostische Material ignorieren oder an eine falsche Diagnose glauben. Das Leugnen der Wahrheit wird oftmals als bewältigender Mechanismus betrachtet, da eine direkte Konfrontation mit dem Tod in diesem frühen Stadium schier unerträglich ist. Der Betroffene erholt sich in der ersten Phase allmählich von seinem Schock, indem er sich ablenkt und sich anderen Themen zuwendet.

Stufe 2 – Ärger und Zorn:
Reicht die Ablenkung nicht mehr aus, setzt eine Phase voller Wut, Ärger und Neid ein, bei der die Fragen „Warum ich?“ oder „Warum sie/er?“ die empfundene Ungerechtigkeit weiter ausdrücken. In einigen Fällen können diese Emotionen auch unterschwellig auftreten und sich darin äußern, dass man den Bedürfnissen des Betroffenen nur schwer gerecht werden kann. Vor allem für Angehörige kann diese Phase sehr belastend sein und häufige Verhaltensweisen wie Nörgeln oder Schimpfen sind nur schwer auszuhalten.

Stufe 3 – Verhandeln:
Die dritte Stufe birgt die Erkenntnis, dass bisherige Strategien nicht zum Erfolg geführt haben und dass weder das Verleugnen noch aggressive Verhaltensweisen das gewünschte Ergebnis gebracht haben. Als alternative Vorgehensweise werden nun Angebote des Friedens gemacht und Betroffene versuchen, mit Ärzten zu verhandeln, oder wenden sich verstärkt der Religion zu und beten dafür, dass der Verstorbene nicht wirklich gestorben ist.

Stufe 4 – Depression:
Mit dem Voranschreiten der Trauer werden die Einschränkungen immer deutlich spürbarer und die Trennung und der unvermeidliche Verlust treten klarer hervor. Zu diesem Zeitpunkt setzt die Depression ein, da die Endgültigkeit des ultimativen Verlustes nun im Mittelpunkt steht. Gut gemeinte Hoffnungsäußerungen von Außenstehenden werden oft als Ausdruck ihrer eigenen Hilflosigkeit wahrgenommen, da sie zukunftsorientiert sind und die Realität verneinen.

Stufe 5 – Akzeptanz:
Wenn alle zuvor genannten Mechanismen angewendet wurden und die Unvermeidlichkeit des nahenden Endes akzeptiert wurde, beginnt ein stiller Rückzug. Die Auseinandersetzung mit der Realität führt zu einer Akzeptanz, die weder Resignation noch Freude ist. Selbstreflexion und die Konzentration auf das Kommende prägen diese Phase. Das Sterben wird sowohl als individueller und einsamer Prozess wahrgenommen als auch als Zeit größter Vertrautheit und Nähe mit dem Verstorbenen erlebt.

Das Phasenmodell nach Bowlby und Parkes

Der britische Kinderarzt, Kinderpsychiater und Psychoanalytiker John Bowlby (1907–1990) und der britische Psychiater und Autor Collin Murray Parkes (1928–2024) haben im Jahr 1970 ein Vier-Phasen-Modell für die Trauer der Hinterbliebenen entwickelt. Als Experte in der Bindungsforschung betrachtete Bowlby die Trauer nach dem Verlust eines nahestehenden Menschen als einen natürlichen Prozess, der per se nichts Krankhaftes hat. Dennoch wird auch beim Phasenmodell von Bowlby und Parkes davon ausgegangen, dass die Phasen der Trauer chronologisch durchlaufen werden und sich diese nur wenig oder gar nicht überlappen.

Grundsätzlich sollen Phasenmodelle, im Gegensatz zu Stufenmodellen, die Übergänge zwischen den jeweiligen Phasen fließender gestalten. Während eine frühe Phase der Trauer noch vorherrscht, wird die nächste bereits für einige kurze Augenblicke aufgesucht, um dann wieder zur vorherigen zurückzukehren. Schließlich wird die neue Phase bestimmend für das Erleben und Verhalten der Trauernden und Rückfälle treten seltener und weniger intensiv auf.

1. Phase – Betäubung:
Der Trauernde kann die Todesnachricht nicht akzeptieren und zeigt anfänglich eine ungewöhnliche Ruhe, während er sein Leben zunächst automatisch weiterführt. Diese Ruhe kann allerdings jederzeit von intensiven Gefühlen erschüttert werden.

2. Phase – Sehnsucht nach der verstorbenen Person und Verleugnung der Endgültigkeit des Verlustes:
Charakteristisch für die zweite Phase des Modells sind Schlaf- und Ruhelosigkeit, intensive Gedanken an den Verstorbenen, Wut und Zorn über den Verlust und eine nicht erfüllbare Sehnsucht nach der Rückkehr des Verstorbenen, die den Beginn des intensiven Trauerprozesses markiert.

3. Phase – Chaos und Verzweiflung:
Bevor ein neuer Lebens- und Weltbezug beginnen kann, müssen zunächst die alten Muster des Denkens, des Fühlens und des Verhaltens aufgegeben werden. Dieser Schritt beinhaltet auch die schmerzhafte Aufgabe der Hoffnung auf eine Wiedervereinigung mit dem Verstorbenen.

4. Phase – allgemeine Neuordnung des eigenen Verhaltens und des eigenen Lebens:
In der vierten Phase erfolgt die Neuorganisation des Lebens, eine Neudefinition der eigenen Rolle sowie die Etablierung neuer Lebensbezüge und Beziehungen. Zeitgleich verliert die Trauer ihre einflussreiche Dominanz auf die Alltagsgestaltung, während der Verstorbene in der Erinnerung des Trauernden weiterlebt.

Trauerphasen nach Verena Kast

Die Schweizer Psychoanalytikerin Verena Kast (geboren 1943) griff das Phasenmodell von Bowlby und Parkes im Jahr 1982 auf und verschmolz es mit dem Stufenmodell von Kübler-Ross. Dabei bezog sie außerdem verschiedene Elemente der analytischen Psychologie ein und teilte den Trauerprozess dadurch in vier Phasen ein.

Nach Kast ist der Anfang des Trauerprozesses, so individuell er auch sein mag, für den weiteren Verlauf der Trauer entscheidend. Als Prozess hat die Trauer einen klaren Anfangspunkt, nämlich den Tod eines geliebten Menschen, und ein Ende, das erreicht ist, wenn die Trauer bewältigt ist. Die Dauer der einzelnen Phasen ist dabei festgelegt, kann jedoch variieren. Zusätzlich wird die Intensität durch die Umstände des Todes, durch die Persönlichkeit des Trauernden und durch die Beziehungen zur verstorbenen Person bestimmt. Darüber hinaus ist Kast außerdem der Auffassung, dass einzelne Phasen mehrfach durchlaufen werden können.

1. Phase – Nicht-Wahrhaben-Wollen:

In der ersten Phase wird der Verlust verleugnet, während der Trauernde sich oftmals empfindungslos fühlt und häufig starr vor Entsetzen ist. Gedanken wie „Das darf nicht wahr sein" oder „Ich wache gleich auf, das ist nichts als ein böser Traum" können auftreten. In der Regel dauert die erste Phase nur kurz an und überstreckt sich über einige wenige Tage bis Wochen. Allerdings kann sie bei einem unerwarteten Tod auch länger anhalten. Möglicherweise suchen Hinterbliebene dann nach einem oder mehreren schuldigen Personen, wie zum Beispiel Ärzten oder Pflegepersonal.

2. Phase – Aufbrechende Emotionen:
In der zweiten Phase erleben Trauernde Wut, Zorn, Freude, Angst, Ruhelosigkeit und Trauer und leiden häufig unter Schlafstörungen. Der konkrete Verlauf dieser Phase ist sehr von der Beziehung zwischen dem Verstorbenen und den Hinterbliebenen abhängig. Starke Schuldgefühle im Zusammenhang mit den Erfahrungen, die in der Beziehung gesammelt wurden, können dazu führen, dass Hinterbliebene in dieser Phase verharren. Aus diesem Grund ist es wichtig, Gefühle zuzulassen und zu erleben, um die nächste Trauerphase zu erreichen und nicht an einer Depression zu erkranken.

3. Phase – Suchen und Sich-Trennen:
Während dieser Phase wird die verlorene Person unbewusst oder bewusst gesucht, zumeist an den Orten, an denen sie im gemeinsamen Leben anzutreffen war (zum Beispiel in Räumen, auf Fotos oder in Träumen). Mit der Realität konfrontiert, muss der Trauernde immer wieder aufs Neue lernen, dass sich die Wirklichkeit drastisch verändert hat.

Im besten Fall wird der Verstorbene nun zu einem inneren Begleiter, mit dem der Trauernde durch einen inneren Dialog eine Beziehung entwickeln kann. Auf der anderen Seite kann es im ungünstigen Fall aber auch dazu kommen, dass der Trauernde eine Art Pseudoleben mit dem Verstorbenen führt, bei dem nichts verändert werden darf und der Trauernde sich von seinem eigenen Leben und den darin lebenden Menschen entfremdet.

4. Phase – Neuer Selbst- und Weltbezug:
In der letzten Trauerphase ist der Verlust so weit akzeptiert, dass der Verstorbene zu einer inneren Figur bzw. zu einem inneren Begleiter geworden ist, der nicht mehr den Alltag des Hinterbliebenen bestimmt. Auf diesem Weg bleibt die verstorbene Person Teil des Lebens des Trauernden und lebt so in seinen Erinnerungen weiter.

Der Trauernde erkennt allmählich, dass das Leben weitergeht und dass er die Verantwortung für sein eigenes Leben trägt. Nichtsdestotrotz hat der Prozess des Trauerns tiefe Spuren hinterlassen und die Einstellung zum Leben selbst vollkommen verändert. Die Veränderungen, die der Trauernde während des Trauerns durchlaufen hat, lassen auf der anderen Seite jedoch auch Raum für neue Beziehungen, Verhaltens- und Handlungsmöglichkeiten, Rollen und Lebensstile entstehen. Die Erkenntnis, dass jede Beziehung vergänglich ist und dass das Einlassen auf das Leben immer an den Tod grenzt, wird als Lebenserfahrung integrierbar. Trotz dieses Wissens ermöglicht diese Erfahrung idealerweise, dass sich der Trauernde auf neue Bindungen einlassen kann.

Heutzutage sind sich die meisten Experten einig, dass Menschen so individuell und auf ihre eigene Art und Weise trauern, dass Trauermodelle diese Vielfalt der Trauer nur unzureichend erfassen können. Daher sollten wir immer vorsichtig sein, wenn wir versuchen wollen, den Verlauf eines Trauerprozesses vorherzusagen, da sowohl individuelle als auch kulturelle Unterschiede beim Trauern eine große Rolle spielen und unterschiedliche Trauerstile stets respektiert werden sollten. Trotz der ganzen Trauer und den überwältigenden Emotionen, die damit einhergehen, gibt es immer Hoffnung. Selbst in den dunkelsten Momenten der Trauer finden sich häufig unerwartete und vielversprechende Quellen der Unterstützung und des Trostes, die wir in den Worten eines Therapeuten, in den herzlichen Umarmungen von uns nahestehenden Menschen oder in den stillen Augenblicken der inneren Reflexion finden können. Während wir uns durch die tiefen Täler der Trauer bewegen und uns einen Weg zurück ins Licht erkämpfen, wächst nicht nur unsere Fähigkeit, Schmerz zu ertragen, sondern auch unsere Fähigkeit, Mitgefühl und Liebe zu empfangen und zu geben.

Trauer ist eine endlos scheinende Reise ins Unbekannte – eine Reise, die von Verzweiflung, Hoffnungslosigkeit, Traurigkeit und Wut geprägt ist und uns zwingt, uns unseren tiefsten Emotionen und Ängsten zu stellen. Doch am Ende dieser langen Reise liegt Hoffnung, Hoffnung auf Heilung, Hoffnung auf bessere Zeiten und Hoffnung auf die Gewissheit, dass wir trotz aller Verluste, trotz all dem Schmerz und der Dunkelheit irgendwann immer einen Weg finden werden, um zurück ins Licht zu treten.

Auf einen Blick: Trauer und Trauerprozess

- Trauer als normaler, natürlicher und emotionaler Prozess
- Reaktion auf ein einschneidendes Ereignis
- Weg zur Wiederherstellung des seelischen Gleichgewichts
- Verlustreaktion
- Trauer betrifft Menschen auf emotionaler, körperlicher, spiritueller und sozialer Ebene
- Trauererfahrung ist individuell und jeder Mensch hat einen anderen Trauerstil
- Stufen- und Phasenmodelle zur Beschreibung des Trauerprozesses und zum besseren Verständnis der Komplexität der Gefühle und Gedanken der Trauernden
- das Stufenmodell nach Kübler-Ross, das Phasenmodell nach Bowlby und Parkes und die Trauerphasen nach Kast als bekannteste Modelle

UMGANG MIT AMBIVALENTEN GEFÜHLEN

Trauer ist ein normaler, aber vielschichtiger Prozess, der eine Bandbreite an Emotionen hervorruft, die nicht immer eindeutig und schon gar nicht einfach zu bewältigen sind. Während des Trauerprozesses können ambivalente Gefühle, wie zum Beispiel Liebe, Wut, Trauer oder Schuld, als normale Reaktion auf den Verlust eines geliebten Menschen auftreten. Ambivalente Gefühle sind im Trauerprozess vollkommen normal. Es gibt weder nur einen noch den einzigen richtigen Weg zu trauern und es ist wichtig, dass Sie sich selbst erlauben, all Ihre Emotionen, die auftauchen, auch zu fühlen – selbst wenn sich diese widersprüchlich anfühlen mögen.

Im Trauerprozess ist Selbstakzeptanz der eigenen ambivalenten Gefühle ein wichtiger Schritt, um sich selbst nicht zu verurteilen oder sich schuldig zu fühlen. Selbstreflexion ist eine Form der bewussten Eigenbeobachtung und Selbstwahrnehmung. Sie beschreibt die Fähigkeit, die eigenen Gedanken, Gefühle und Handlungen zu beobachten, zu verstehen und diese auch zu hinterfragen. Durch Selbstreflexion gewinnen Sie Einsicht in Ihre Gedanken, Emotionen und Verhaltensweisen und können sie auf diese Weise kontextualisieren. Selbstreflexion hilft Ihnen, über Ihre Gedanken und Gefühle intensiv nachzudenken und Ihre Trauer besser zu verstehen. Außerdem ebnet Sie Ihnen den Weg zur Veränderung und unterstützt Sie auf Ihrer Reise durch die Trauer.

Der Prozess der Selbstakzeptanz lässt sich dabei in mehrere Schritte einteilen:

1. Schritt – Anerkennung der eigenen Gefühle:

Als Erstes sollten Sie damit beginnen, Ihre eigenen Gefühle ohne Selbstkritik urteilsfrei anzuerkennen. Verstehen und akzeptieren Sie, dass Trauer ein komplexer, aber zeitgleich ganz natürlicher Prozess ist und dass es normal ist, eine große Palette an unterschiedlichen und teilweise ambivalenten Gefühlen zu empfinden, zu denen zum Beispiel Wut, Erleichterung, Liebe, Traurigkeit oder Freude gehören.

2. Schritt – Selbstbeobachtung:

Nachdem Sie Ihre Gefühle anerkannt und diese bewusst angenommen haben, nehmen Sie sich nun regelmäßig Zeit für Selbstreflexion. Beobachten und reflektieren Sie Ihre Gedanken und Gefühle, ohne diese zu verurteilen. Notieren Sie in einem Trauertagebuch, welche Emotionen Sie wahrnehmen und welche Gedanken sich in Ihren Kopf einschleichen, wenn Sie Trauer empfinden.

3. Schritt – Mitgefühl mit sich selbst:

Praktizieren Sie Mitgefühl mit sich selbst, genauso wie Sie es für einen geliebten Menschen, der trauert, tun würden. Erinnern Sie sich daran, dass es völlig in Ordnung ist, ambivalente Gefühle zu empfinden, und dass Ihre Gefühle sowohl verständlich als auch legitim sind.

4. Schritt – Verständnis für Ambivalenz:

Akzeptieren Sie, dass ambivalente Gefühle ein natürlicher Teil des Trauerprozesses sind. Es ist vollkommen normal, zur selben Zeit verschiedene Gefühle zu empfinden, die manchmal auch widersprüchlich sein mögen. Das ist völlig in Ordnung und bedeutet keinesfalls, dass Ihre Emotionen nicht gültig oder gar falsch sind.

5. Schritt – Suche nach Unterstützung:
Suchen Sie bei Ihrer Familie, Ihren Freunden oder einem Therapeuten, der Ihnen dabei helfen kann, Ihre widersprüchlichen Gefühle anzunehmen und diese zu verstehen, nach Unterstützung. Seien Sie offen und drücken Sie Ihre Gefühle und Gedanken frei aus, hören Sie gleichzeitig aber auch anderen aufmerksam zu, wenn diese dasselbe tun.

6. Schritt – Selbstfürsorge:
Nehmen Sie sich regelmäßig Zeit für Selbstmitgefühl und Selbstfürsorge und machen Sie die Dinge, die Ihnen Spaß machen, Ihnen Freude bereiten und Sie bei Ihrem individuellen Trauerprozess unterstützen – sei es Sport, Kunst, Schreiben, Spazieren oder Meditation. Diese Ausdrucksformen sind nicht nur wunderbare Werkzeuge für Selbstfürsorge, sondern können auch Wege sein, um Ihre ambivalenten Gefühle zu erkennen und zu verarbeiten und um Ihre Gedanken neu zu sortieren. Auf der anderen Seite sollten Sie Dinge wie Selbstbestrafung oder Selbstverurteilung natürlich unbedingt vermeiden.

7. Schritt – Geduld haben:
Letzten Endes ist es natürlich immer auch wichtig, dass Sie geduldig mit sich selbst sind. Trauer ist nicht linear und die Akzeptanz ambivalenter Gefühle braucht nicht nur Zeit, sondern auch Übung. Lassen Sie sich selbst Zeit und geben Sie sich den nötigen Raum, um Ihre Trauer auszuleben und heilen zu können, ohne sich dabei für Ihre Gedanken, Gefühle oder Taten selbst zu verurteilen oder sich selbst zu drängen.

DIE BEDEUTUNG VON TRAUER VERSTEHEN

Trauer ist kein statischer oder unveränderbarer Zustand, der einfach mit der Zeit vergeht. Vielmehr ist Trauer ein dynamischer Prozess und ein individuelles Geschehen, das lähmende und kraftvolle Dimensionen zugleich aufweist. Trauer zeigt viele Gesichter und erfordert vom Trauernden harte innere Arbeit, die ihn häufig bis an den Rand seiner physischen und geistigen Erschöpfung führt.

Den Verlust eines nahestehenden Menschen durch den Tod zu erleben, bedeutet für die Hinterbliebenen auf der einen Seite, das unabänderliche Schicksal passiv zu erdulden. Auf der anderen Seite erfordert der Trauerprozess aber auch ein hohes Maß an Entscheidungen und aktiven Handlungen. In klaren Worten ausgedrückt bedeutet das: Der Trauernde ist dem Geschehen selbst passiv ausgesetzt, muss darüber hinaus aber zur selben Zeit auch aktiv darauf reagieren – eine ungeheure kräftezehrende Leistung, die von ihm abverlangt wird.

Viele Menschen, die trauern, erleben, dass ihr bisheriges vertrautes Leben plötzlich aus den Fugen gerät. Der Lebensweg erscheint ziellos und die Ablösung vom Verstorbenen fühlt sich an wie ein Verlust der eigenen Identität, die ins Nichts zu verfliegen scheint. Aussagen wie „Ich erkenne mich selbst nicht mehr" oder „Wer bin ich eigentlich?" sind häufige Reflexionen dieses Gefühls. Trauernde verzichten außerdem oftmals auf das Wort „ich" und verwenden stattdessen das Pronomen „man", um ihrer Identitätsverflüchtigung Ausdruck zu verleihen. Sätze wie „Nie wieder kann man etwas zusammen unternehmen" oder „Man kommt nach Hause und ist plötzlich einfach nur allein" verdeutlichen diese schmerzhafte Erfahrung der Einsamkeit und des Verlustes. Die seelische Erschütterung, die mit dem Verlust einhergeht, zwingt die Hinterbliebenen früher oder später zu einer unumgänglichen Auseinandersetzung mit ihrer Trauer. Sie zwingt sie förmlich zur Trauerarbeit. Während dieser Arbeit begegnen die

Trauernden immer wieder Aufgaben, die oft wie Prüfungen erscheinen und denen sie sich aktiv stellen müssen. Diese Aufgaben werden nicht von außen an die Trauernden herangetragen, sondern entspringen vielmehr der Trauer selbst. Sie spiegeln den verzweifelten und häufig unbewussten Wunsch wider, einen persönlichen Umgang mit dem Verlust zu finden, um in der neuen, noch fremden Realität ohne den Verstorbenen verweilen und bestehen zu können.

Sich immer wieder diesen zahlreichen, oftmals auch kraftraubenden Aufgaben zu stellen bedeutet, schrittweise einen neuen Weg zu formen. Dieser Weg wird nicht vorgezeichnet, sondern vielmehr ist der Trauernde selbst der Schöpfer seines eigenen Trauerpfades. Die Neugestaltung von Struktur, Ordnung und Sinn, die durch den Verlust notwendig geworden ist, kann vom Trauernden niemals auf einen Schlag erreicht werden, sondern immer nur in kleinen Schritten.

Trauer ist während des gesamten Prozesses nicht einfach nur präsent oder abwesend, sondern kommt und geht. Mal ist sie deutlich spürbar und andere Male kaum wahrnehmbar. Manchmal zeigt sie sich offen und intensiv und manchmal bleibt sie im Verborgenen und ist unberechenbar. Es gibt keine festen Zeitrahmen für Trauer, auf die sich die Trauernden einstellen können. Es gibt kein festgelegtes Ende der Trauer, das es einem ermöglicht, sich zurückzulehnen und zu entspannen. Trauerarbeit bedeutet, dass Hinterbliebene oft vor einer schier unlösbaren Aufgabe stehen: Sie möchten an dem, was war, festhalten und es wiedererlangen, während sie sich gleichzeitig kaum oder überhaupt nicht vorstellen können, was die Zukunft bringen wird. Sie befinden sich in einem Zwischenreich, einem unbekannten Land, wo es zu innerer Zerrüttung kommt und ein Seelenbeben stattfindet.

Die emotionale Landkarte

Trauer kann oft als chaotisch und endlos empfunden werden. Um die Trauer besser zu verstehen und greifen zu können, kann es hilfreich sein, ein Bild für den eigenen Gemütszustand zu finden. Eine emotionale Trauerlandkarte kann im Zuge dessen eine gute Metapher für den gesamten Trauerprozess sein und es Ihnen ermöglichen, die vielfältigen und komplexen Emotionen während der Trauer zu erkennen und zu identifizieren, wo Sie sich momentan befinden und was Sie in den kommenden Monaten erwarten wird. Die Landkarte ist besonders für die Anfangsphase sehr nützlich, kann aber auch im späteren Verlauf des Trauerprozesses hilfreich sein, um sich immer wieder daran zu orientieren.

Anleitung:

- Suchen Sie sich einen ruhigen Ort, an dem Sie Ihren Gedanken und Gefühlen ungestört freien Lauf lassen können.
- Legen Sie ein Blatt oder eine Leinwand sowie verschiedene Schreib- und Malutensilien (zum Beispiel Stifte, Marker oder Farben nach Wahl) bereit.

- Setzen Sie sich in einer bequemen Position hin, atmen Sie einige Male tief ein und wieder aus, um Ihren Geist zu zentrieren.
- Bevor Sie beginnen, denken Sie über Ihre aktuellen Emotionen und Gedanken im Zusammenhang mit dem Trauerprozess nach. Welche Gefühle empfinden Sie? Welche Gedanken kommen Ihnen in den Sinn?
- Platzieren Sie Ihre Gedanken und Gefühle auf Ihrem Blatt oder Ihrer Leinwand. Verwenden Sie dabei verschiedene Farben, um Ihre unterschiedlichen Gedanken und Gefühle farblich zu kennzeichnen und sie nicht nur räumlich, sondern auch visuell voneinander abzugrenzen.
- Wenn Sie eine bestimmte Emotion wahrnehmen, nehmen Sie sich einen Moment lang Zeit, um darüber nachzudenken. Reflektieren Sie, wie sich diese Emotion anfühlt, wie sie sich in Ihrem Körper manifestiert und welche Auswirkungen sie auf Ihr Verhalten hat. Anschließend schreiben Sie die Details, die Sie wahrnehmen konnten, neben bzw. unter jede einzelne Emotion auf Ihrer Landkarte.
- Nachdem Sie Ihre Emotionen niedergeschrieben haben, widmen Sie sich jedem Gefühl einzeln und versuchen, dieses detailliert zu beschreiben. Nutzen Sie dabei all Ihre Sinne. Auf welche Art und Weise äußert sich die Emotion auf körperlicher Ebene? Wie fühlt sie sich an? Kommen Ihnen bestimmte Gedanken in den Sinn, die mit dieser Emotion einhergehen? Welche Situationen oder Ereignisse haben diese Emotion ausgelöst?
- Nehmen Sie sich nun Zeit, um Ihre emotionale Landkarte zu betrachten. Reflektieren Sie, was Sie beim Anfertigen über Ihre eigenen Gefühle und über sich selbst gelernt haben. Gibt es Muster oder Zusammenhänge, die Sie erkennen können?
- Anschließend überlegen Sie sich, wie Sie die Erkenntnisse, die Ihnen die Landkarte gegeben hat, nutzen können, um mit Ihren eigenen Emotionen und Ihrem Trauerprozess besser umgehen zu können.

Wenn sich Ihre Gefühle und Gedanken im Laufe des Trauerprozesses verändern oder neue Emotionen auftauchen, setzen Sie die Übung fort und erweitern Ihre emotionale Landkarte entsprechend, um sie aussagekräftig zu halten.

Die persönliche Trauererfahrung

Manchmal empfehlen Trauertherapierende, Briefe an sich selbst zu schreiben, in denen Trauernde ihre persönliche Trauererfahrung reflektieren und ihre mit der Trauer einhergehenden Veränderungen beschreiben und diese bewusst wahrnehmen können. Im ersten Moment mag das auf einige Menschen befremdlich wirken, dabei ist das Schreiben von Briefen eine effektive Technik, um die eigenen Gedanken und Gefühle während des Trauerprozesses zu ordnen. Die Schreibtherapie ist eine sehr wirksame und hilfreiche Form, Dinge in einer unzensierten Art und Weise auf einem geduldigen Blatt auszudrücken, die Sie sonst vielleicht gar nicht aussprechen würden.

Das Leben eines geliebten Menschen endet mit seinem Tod unwiderruflich. Hinterbliebene haben keine Möglichkeit der direkten Kommunikation mehr, können keine Fragen mehr stellen und erhalten auch keine direkten Antworten darauf. Die Fragezeichen im Kopf, ungelöste Angelegenheiten und Schuldgefühle quälen die Trauernden zusätzlich und es gibt noch so viele Dinge, die sie gerne noch einmal ausdrücken würden. Manchmal sucht der Verstorbene die Trauernden in ihren Träumen auf, sodass viele Trauernde von sehr lebhaften Träumen berichten. Innerlich können sie mit ihm sprechen und manchmal scheint es für einen kurzen Moment so, als ob sie ihn noch einmal vor sich sehen würden. Das Schreiben von Briefen ergänzt den inneren Dialog durch eine äußere Form, die es Ihnen ermöglicht, sich zu ordnen und all Ihre Gefühle zum Ausdruck zu bringen. Dabei können die Briefe, die Sie schreiben, zu einer Art Trauertagebuch werden, durch das Sie den Prozess Ihrer eigenen Trauer im Laufe der Zeit mitverfolgen können.

Trauer ist nicht jeden Tag gleich und Menschen, die trauern, durchleben vielfältige Stimmungsschwankungen. An einigen Tagen ist der Schmerz erträglich, während er an anderen Tagen die Seele zerfrisst. Insbesondere Geburtstage, Weihnachten und der Hochzeitstag können schwere Tage sein, an denen der Schmerz tiefer sitzt, obwohl er an anderen Tagen schon fast überwunden zu sein scheint. Briefe können nun ein kostbarer Schatz des Trauerprozesses sein, in denen Sie Erinnerungen festhalten und Fragen notieren können, die Sie vielleicht nie mehr klären können. Sie können Ihnen helfen, an der Liebe zum Verstorbenen festzuhalten und gleichzeitig loszulassen. Natürlich müssen Sie Ihre Briefe aber auch nicht aufbewahren oder Ihre Gedanken und Gefühle in einem Trauertagebuch festhalten, Sie können diese auch vergraben oder sie als kleine Schiffchen auf einem Fluss aussetzen und treiben lassen. Solche symbolischen Handlungen können Ihnen dabei helfen, den Abschied von einem geliebten Menschen weiter zu gestalten. Es kann sehr heilsam sein, noch einmal einen letzten Abschiedsbrief zu schreiben, in dem Sie Abschied nehmen und sich für die Zeit und die gemeinsamen Erinnerungen bedanken.

Anleitung:

- Nehmen Sie sich Zeit für sich selbst und setzen Sie sich an einen ruhigen Ort, an dem Sie ungestört sind und Ihre Gedanken frei fließen lassen können.
- Bevor Sie mit dem Schreiben beginnen, nehmen Sie sich einige Augenblicke Zeit, um über Ihre persönliche Trauererfahrung nachzudenken. Reflektieren Sie darüber, welche Veränderungen Sie seit Ihrem Verlust in Ihrem Leben wahrgenommen haben, welchen Herausforderungen Sie sich gestellt und welche Fortschritte Sie gemacht haben. Denken Sie auch über Ihre Gedanken, Gefühle und Handlungen während Ihres Trauerprozesses nach.

- Beginnen Sie den Brief damit, die Veränderungen, die der Verlust und die Trauer in Ihr Leben gebracht haben, zu beschreiben. Berücksichtigen Sie dabei alle Aspekte Ihres Lebens und gehen Sie zum Beispiel auf Ihre Einstellungen, Ihre Selbstwahrnehmung, Ihre Beziehungen oder Ihre Ziele ein. Betonen Sie dabei unbedingt, was Sie aus Ihrer Erfahrung gelernt haben und wie sehr Sie an dieser Herausforderung gewachsen sind.

- Lassen Sie all Ihre Gefühle während des Schreibens zu und lassen Sie diese frei, ehrlich und authentisch in Ihren Brief einfließen. Schämen Sie sich nicht für Ihre Emotionen und erlauben Sie sich, Wut, Traurigkeit, Dankbarkeit oder Hoffnung zu empfinden. Hierbei gibt es weder ein Richtig noch ein Falsch. Es geht lediglich darum, Ihre Gefühle frei zum Ausdruck zu bringen.

- Bringen Sie sich selbst Verständnis und Mitgefühl entgegen. Sie haben viel durchgemacht und es ist normal, Höhen und Tiefen zu erleben. Ihre Trauer zu bewältigen, erfordert Stärke und Mut. Erkennen Sie Ihre eigenen Stärken an und verzeihen Sie sich die Fehler, die Sie eventuell begangen haben.

- Beenden Sie den Brief damit, sich selbst Mut und Hoffnung zuzusprechen und sich daran zu erinnern, hoffnungsvoll in die Zukunft zu blicken, weiter zu wachsen und zu heilen.

- Abschließend nehmen Sie sich Zeit, um Ihren Brief zu lesen und die darin niedergeschriebenen Gedanken und Emotionen zu fühlen und zu reflektieren. Versuchen Sie, Ihre Reaktionen darauf zu beobachten und zu verstehen und dabei zu erkennen, wie weit Sie auf Ihrem Weg durch die Trauerbewältigung bereits gekommen sind.

Stärken und Ressourcen

Der Verlust eines nahestehenden Menschen fordert nicht nur heraus, sondern ist darüber hinaus auch unheimlich belastend und schmerzhaft. Trauernde müssen den Verlust nicht nur verarbeiten, sondern gleichzeitig auch ihr eigenes Leben neu ordnen und versuchen, so gut es geht ohne den Verstorbenen weiterzuleben. Während des Trauerprozesses kann der Blick auf die eigenen Stärken und Ressourcen enorm hilfreich sein, um die schwierige Phase nach dem Verlust zu überstehen.

In der Trauerbegleitung können eigene Stärken auch Ressourcen genannt werden. Ressourcen sind in der Trauerbewältigung innere Potentiale eines Menschen, zum Beispiel seine Fähigkeiten, Erfahrungen oder Charismen. Sie sind in jedem Menschen vorhanden, können aber nicht immer von jedem in Extremsituationen genutzt werden. Ressourcen sind mit Schatztruhen vergleichbar. Jeder Mensch hat seine ganz eigene Schatztruhe, die mit kostbaren Schätzen gefüllt ist, die ihm helfen, auch schwierige Phasen zu bewältigen. In Momenten der Krise verschließt sich diese Kiste jedoch oftmals, sodass die darin enthaltenen wertvollen Schätze unerreichbar scheinen. In solchen Augenblicken ist es die Aufgabe der Trauerbegleitung, Trauernde dabei zu unterstützen, ihre eigene Schatzkiste wieder zu öffnen und den Hinterbliebenen das aufzuzeigen, was ihnen Trost spendet, Erleichterung bringt und sie stärker macht.

Die Schätze in der Truhe sind sehr persönlich und individuell und das Ziel ist es, dass Trauernde diese Schätze wiederentdecken und nutzen. Dabei geht es nicht darum, etwas Neues zu erfinden, sondern vielmehr darum, das bereits Bekannte wiederzufinden, um die Hinterbliebenen daran zu erinnern, welche individuellen Stärken und Eigenschaften sie besitzen und dass diese ihnen helfen können, ihre Trauer zu bewältigen und für ihre emotionale Gesundheit eine unterstützende Umgebung zu schaffen.

Anleitung:

- Nehmen Sie sich Zeit und begeben Sie sich an einen ruhigen Ort, an dem Sie sich wohlfühlen.

- Denken Sie über Ihre Fähigkeiten und Erfahrungen nach, die Sie bisher gesammelt haben und die Ihnen dabei geholfen haben, schwierige Phasen zu überstehen.

- Überlegen Sie, welche Ressourcen und Unterstützungssysteme Sie bereits haben. Das können zum Beispiel die Familie, Freunde, Hobbys oder andere Aktivitäten sein.

- Werden Sie sich darüber bewusst, welche persönlichen Eigenschaften Sie mit Stärke verbinden, wie zum Beispiel Empathie, Durchhaltevermögen oder Hilfsbereitschaft.

- Nun nehmen Sie sich ein Blatt zur Hand und schreiben darauf all Ihre persönlichen Stärken nieder. Halten Sie dabei sowohl die Stärken fest, die Sie schon immer besessen haben, als auch jene, die sich erst im Laufe des Trauerprozesses entwickelt haben könnten.

- Anschließend schreiben Sie all die Ressourcen, Hobbys und Aktivitäten auf, die Ihnen Trost spenden, Sie unterstützen oder Sie ablenken können.

- Werden Sie sich nun darüber bewusst, welche inneren Ressourcen, wie beispielsweise Resilienz, innere Stärke oder die Fähigkeit zur Selbstreflexion, Sie besitzen, und notieren Sie diese ebenfalls.

- Schauen Sie sich Ihre Liste an und lesen Sie sich Ihre Stärken und Ressourcen aufmerksam durch, bevor Sie sich überlegen, wie Sie diese aktiv in Ihren Trauerprozess einbinden können.

- Identifizieren Sie nun die Momente, in denen Sie Ihre Stärke nutzen können, um sich entweder besser zu fühlen oder um Herausforderungen zu meistern.

- Im Anschluss planen Sie konkrete Handlungen, die Sie unternehmen können, um auf Ihre Ressourcen zurückzugreifen und diese zu nutzen. Dafür können Sie sich zum Beispiel mit Familie oder Freunden treffen, ein Hobby ausüben oder sich Zeit für Selbstfürsorge nehmen. Wichtig ist, dass Sie immer flexibel und bereit dazu sind, Ihre Strategien an Ihre individuellen Bedürfnisse im Verlauf des Trauerprozesses anzupassen. Dazu gehört auch, offen dafür zu sein, neue Wege zu erkunden und Herangehensweisen anzupassen.
- Nehmen Sie sich in Zukunft regelmäßig Zeit dafür, um Ihre Liste zu überprüfen und sie gegebenenfalls zu aktualisieren, indem Sie immer wieder neue Stärken und/oder Ressourcen hinzufügen, die Sie entweder neu entdeckt oder entwickelt haben. Überlegen Sie sich im Zuge dessen auch, welche Strategien Ihnen geholfen haben und welche Nutzung Ihrer Ressourcen und Stärken vielleicht weniger effektiv war.

Wahrnehmung von Fortschritt

Die Wahrnehmung von Fortschritt im Trauerprozess spielt bei der individuellen Bewältigung des Verlustes eines geliebten Menschen eine entscheidende Rolle. Trauer ist eine sehr komplexe Erfahrung, die sich im Laufe der Zeit immer wieder verändert und den Trauernden durch unterschiedliche Phasen führt. Inmitten des kräftezehrenden Trauerprozesses kann es herausfordernd sein, Fortschritte zu erkennen oder auch zu akzeptieren, besonders wenn die Trauer von regelmäßigen Rückschlägen begleitet wird.

Fortschritte im Trauerprozess können von Betroffenen auf verschiedene Arten wahrgenommen werden. Auf der einen Seite kann Fortschritt bedeuten, sich langsam an die Abwesenheit des Verstorbenen zu gewöhnen und allmählich damit zu beginnen, wieder Hoffnung oder Freude zuzulassen. Auf der anderen Seite kann Fortschritt aber auch bedeuten, dass der Hinterbliebene gelernt hat, mit seinen emotionalen Höhen und Tiefen besser umzugehen und sich selbst zu erlauben, nach Hilfe zu fragen und Unterstützung anzunehmen, wenn diese nötig sein sollte. Oftmals erfordert die Wahrnehmung von Fortschritt im Trauerprozess Achtsamkeit für die eigenen Gefühle und Reaktionen sowie bewusste Selbstreflexion und kann durch den Austausch mit anderen Trauernden oder durch professionelle Helfer gestärkt werden. Außerdem ist die Wahrnehmung des eigenen Fortschritts natürlich immer auch eine sehr persönliche Erfahrung, denn jeder Mensch geht mit Trauer anders um und erlebt Fortschritte auf seine ganz eigene und individuelle Art und Weise. In jedem Fall ist es wichtig, dass Sie sich selbst Zeit und Raum geben, um den Prozess der Trauer zu durchlaufen und sich darüber bewusst zu werden, dass Fortschritte immer aus kleinen Schritten bestehen.

Anleitung:

- Nehmen Sie sich regelmäßig Zeit, um an einem ruhigen Ort über Ihre Trauer und den damit verbundenen Prozess nachzudenken und Ihre Gefühle zu reflektieren.

- Halten Sie in einem Trauertagebuch fest, wie Sie sich in letzter Zeit gefühlt haben. Schreiben Sie dabei sowohl die positiven als auch die negativen Gefühle nieder und notieren Sie, welche bestimmten Situationen oder spezifischen Ereignisse Ihre Emotionen dabei beeinflusst haben könnten.

- Werden Sie sich darüber bewusst, dass selbst kleine Veränderungen und die kleinsten Fortschritte bedeutsam für Ihren Trauerprozess sind, und achten Sie auf die positiven Veränderungen in Ihren Gedanken, Ihren Gefühlen und in Ihrem Verhalten.

- Notieren Sie Ihre Fortschritte regelmäßig in Ihrem Trauertagebuch und unterschätzen Sie dabei nicht die kleinen Erfolge, wie mehr Energie oder Gelassenheit.

- Bleiben Sie auch im Laufe der Zeit für Ihre Gefühle und Reaktionen aufmerksam. Öffnen Sie sich für Veränderungen und nehmen Sie wahr, wie sich Ihr Trauerprozess mit der Zeit entwickelt.
- Sobald Sie feststellen, dass Ihnen bestimmte Aktivitäten oder Strategien geholfen haben, mit Ihrer Trauer besser umzugehen, dokumentieren Sie diese und versuchen Sie, sie weiterhin zu nutzen. Seien Sie zur selben Zeit aber auch bereit, Ihre Herangehensweise immer wieder anzupassen, falls Sie bemerken, dass bestimmte Methoden nicht mehr effektiv sind.
- Feiern Sie jeden einzelnen Fortschritt, ganz gleich, wie klein er erscheinen mag. Nehmen Sie sich immer wieder Zeit, Ihre Erfolge zu würdigen und um sich selbst Anerkennung entgegenzubringen.
- Wenn Sie möchten, können Sie Ihre Fortschritte auch mit einer Vertrauensperson oder mit einem Therapeuten teilen, um zusätzliche Unterstützung zu bekommen und Ihre Motivation aufrechtzuerhalten.

Kurzgeschichten über den Trauerprozess

GESCHICHTEN DES VERLUSTES UND DER HEILUNG

Der Trauerprozess ist individuell und jeder Mensch geht mit Verlust und Heilung anders um. Kurzgeschichten von anderen Menschen, die den Trauerprozess bereits durchlaufen haben, können Trauernden dabei helfen, ihren eigenen Verlust besser zu verarbeiten. Auf der einen Seite können sich Hinterbliebene mit den Gedanken, Emotionen und Erfahrungen der Charaktere in den Kurzgeschichten identifizieren und dadurch Gefühle des Verständnisses und der Verbundenheit entwickeln. Sie erkennen, dass sie mit ihren Gefühlen nicht alleine sind und dass andere Menschen mit ganz ähnlichen Herausforderungen zu kämpfen haben.

Auf der anderen Seite können Geschichten Hoffnung spenden und eine Quelle der Inspiration sein, indem sie Trauernde daran erinnern, dass es möglich ist, auch nach schmerzhaften Verlusten Heilung zu finden und wieder Freude im Leben zu verspüren. Außerdem können Kurzgeschichten anderer Trauernder Bewältigungsstrategien enthalten und Anregungen für den Trauerprozess bieten, die Hinterbliebene aufgreifen und für sich selbst anpassen können. Nicht zuletzt entwickeln Trauernde durch das Lesen der Geschichten womöglich auch ein tieferes Verständnis für die Vielfalt der Erfahrungen, die Hinterbliebene während dieser Zeit machen können, sowie für die Komplexität des Trauerprozesses selbst, was zu mehr Empathie für andere und sich selbst führen kann.

Die Blumen des Lebens

In einem abgelegenen Dorf lebte einst ein Mann namens Noah, der einige Jahre zuvor seine geliebte Frau Lena verloren hatte. Lena bedeutete ihm alles und war die Liebe seines Lebens. Ihr Tod kam plötzlich und unerwartet und erschütterte Noah zutiefst. In seiner schmerzlichen Trauer zog er sich immer mehr zurück und fühlte sich von der Außenwelt abgeschnitten. Eines Tages, als Noah durch die Felder hinter seinem Haus wanderte, entdeckte er einen kleinen Garten mit vielen verschiedenen verwilderten Blumen. Die zarten Blüten der Blumen waren so vernachlässigt worden, dass sie von Unkraut überwuchert waren. Doch trotzdem strahlten sie eine unverkennbare Schönheit aus, die Noah sofort in ihren Bann zog. In diesem Moment erkannte er, dass der Garten eine Metapher seines Lebens war – von Trauer überwältigt und verwelkt und von Schmerz überwuchert, aber dennoch voller Schönheit und Potential. Noah fasste den Entschluss, den Garten wiederzubeleben, und befreite ihn Tag für Tag von Unkraut, pflegte die Blumen und kümmerte sich fürsorglich um sie. Mit jedem verstrichenen Tag im Garten spürte er, wie seine eigene Trauer allmählich zu verblassen begann und einem Gefühl der Hoffnung wich.

Die Blumen erblühten schließlich in ihrer vollen Schönheit und Noah fand Trost und Frieden in ihrer Pracht. Seine Geschichte verwandelte sich zu einem Sinnbild der transformativen Kraft der Natur und der Möglichkeit, aus den dunklen Tiefen der Trauer herauszutreten und ein neues Leben voller Schönheit zu finden.

Der Schmetterling des Wandels

Vor einigen Jahren verlor Toni ihren Sohn Finn bei einem schrecklichen Autounfall. Der Schmerz seines Todes traf sie tief und sie stürzte in eine Zeit der Dunkelheit. Sie verbrachte zunehmend mehr Zeit in der Natur und spazierte jeden Tag durch den Wald. Eines Tages stieß sie auf einen sehr seltenen Schmetterling, der gerade aus seinem Kokon schlüpfte und seine Flügel ausbreitete. Es war ein wunderschöner Moment des Wandels, der Toni zutiefst berührte. Sie erkannte, dass auch sie die Chance hatte, ihre Flügel auszubreiten und ihrer Trauer zu entkommen. Schritt für Schritt versuchte sie nun jeden Tag, sich wieder mit der Welt um sie herum zu verbinden, neue Freundschaften zu knüpfen, sich ehrenamtlich zu engagieren und sich selbst zu erlauben, wieder die kleinen Freuden des Lebens zu genießen.

Mit der Zeit begann Toni, die Trauer ihres Verlustes als Teil ihres Lebens anzunehmen, anstatt sich von dem Schmerz beherrschen zu lassen. Sie fühlte sich wie der seltene Schmetterling, der an jenem Tag im Wald aus seinem Kokon schlüpfte und die Welt entdecken wollte. Sie erkannte, dass der schmerzhafte Verlust ihres Sohnes sie zwar veränderte, sie auf der anderen Seite aber auch stärker machte und sie dazu befähigte, Stärke und Wachstum aus diesem Verlust zu schöpfen.

Der Trost der Gemeinschaft

Vor einigen Jahren verlor Miriam ihren besten Freund Nick durch Suizid. Sein plötzlicher Tod erschütterte Miriam zutiefst und es dauerte sehr lange, bis sie lernte, mit ihrer Trauer umzugehen. Anfangs plagten sie tiefe Schuldgefühle und quälende Fragen, ob sie etwas hätte tun können, um Nick zu retten. Miriam zog sich in sich selbst zurück und versuchte anfangs, ihre Trauer alleine zu bewältigen. Mit der Zeit begann Miriam jedoch, sich mit anderen Menschen, die ähnliche Verluste erlitten hatten, zu verbinden, und fand so Trost in der Gemeinschaft und erkannte, dass sie mit ihrem Verlust nicht alleine war. Sie engagierte sich aktiv für die Förderung der psychischen Gesundheit und setzte sich für die Aufklärung über Suizidprävention ein.

Durch ihre Bemühungen fand Miriam einen Weg, ihren Verlust und ihre tiefe Trauer in etwas Positives zu verwandeln und anderen Menschen dabei zu helfen, die Unterstützung zu finden, die sie benötigen. Obwohl der Schmerz des Verlustes ihres besten Freundes nie vollständig verschwand, schöpfte Miriam Trost und Erfüllung aus dem Wissen, dass sie dazu beitragen konnte, das Leben anderer zu verbessern und Nicks Erinnerung zu ehren.

Der kaputte Krug

Es war einmal ein indischer Wasserträger, der jeden Tag zwei große Krüge auf einer Holzstange über seine Schultern trug. Während einer der Krüge makellos war und bis zum Haus des Meisters nie einen Tropfen Wasser verlor, hatte der andere Krug Risse und verlor auf dem Weg immer die Hälfte seines Inhaltes. So vergingen zwei lange Jahre, in denen der Wasserträger immer nur eineinhalb Krüge Wasser ablieferte. Der unversehrte Krug war natürlich stolz darauf, seine Aufgabe ohne Versagen zu erfüllen, doch der kaputte Krug fühlte sich minderwertig, weil er nur halb so viel leisten konnte.

Nach zwei für den kaputten Krug schwierigen Jahren fühlte er sich zutiefst beschämt und bat den Wasserträger um Vergebung. „Warum?", fragte der Wasserträger verwundert und fügte hinzu: „Weshalb schämst du dich?" „Wegen meines Risses, der das Wasser durchsickern lässt, transportiere ich seit zwei Jahren nur die Hälfte des Wassers zum Meister. Trotz großer Anstrengung kannst du wegen mir immer nur einen Teil des geforderten Wassers abliefern und erhältst deswegen auch nicht die Anerkennung, die du für deine Dienste verdienst", erwiderte der kaputte Krug. Gerührt von den Worten des kaputten Kruges und voller Mitgefühl antwortete der Wasserträger: „Ist dir nicht aufgefallen, dass all die wunderschönen Blumen auf deiner Seite des Weges nur blühen, weil du die Hälfte deines Wassers verlierst? Schon lange wusste ich, dass du Wasser verlierst, und ich habe deshalb daraus einen Nutzen gezogen und Blumensamen auf deiner Seite des Weges gesät. Jeden Tag, wenn ich mich auf den Weg mache, um dem Meister Wasser zu bringen, gießt du die Blumensamen mit deinem kostbaren Wasser. Nur dank dir konnte ich in den letzten zwei Jahren wunderschöne Blumen vom Wegesrand pflücken, die den Tisch des Meisters schmücken. Ohne dich hätte ich niemals bunte, frische und schöne Blumen finden können." Erst in diesem Moment erkannte der Krug, dass auch er, auf seine eigene Art und Weise, einen Beitrag zum Glück der Welt leistete.

Manchmal, wenn man nach dem Verlust eines geliebten Menschen tief trauert, ist es wichtig, zu erkennen, dass wir alle unvollkommen sind und „Risse“ haben können. Doch trotz unserer Schwächen und Fehler sind wir liebenswert und wertvoll und können so viel Gutes und Positives bewirken. Letztendlich sind Risse nämlich keine Makel, da jeder von uns Risse in seinem Leben trägt. Der Verlust eines geliebten Menschen hinterlässt ohne Zweifel tiefe Wunden und wir fühlen uns voller Trauer, Schwermut und Einsamkeit. Doch wenn wir versuchen, uns der Situation zu stellen, und trotz des schmerzlichen Verlustes in eine positive Zukunft blicken, können wir uns besser fühlen und daran wachsen.

Kein offenes Ohr

Durch das kleine Loch in der Wand konnte die Maus beobachten, wie der Bauer und seine Frau gerade ein Paket öffneten. „Was mag da wohl drin sein?“, fragte sich die Maus und erschrak, als sie feststellte, dass es eine Mausefalle war. Schnell lief sie über den Bauernhof und warnte die anderen Tiere: „Passt auf! Im Haus gibt es eine Mausefalle! Seid vorsichtig, es gibt eine Mausefalle im Haus!“ Das Huhn hob seinen Kopf und antwortete: „Liebe Maus, ich verstehe, dass eine Mausefalle eine ernste Angelegenheit für dich ist, aber das betrifft nicht mich. Mir ist das egal.“

Die Maus lief zum Schwein und rief: „Es gibt eine Mausefalle im Haus! Pass auf, im Haus gibt es eine Mausefalle!“ Das mitfühlende Schwein antwortete: „Liebe Maus, es tut mir leid, aber ich kann nichts machen außer zu beten.“ Schließlich ging die Maus zur Kuh und warnte: „Es gibt eine Mausefalle im Haus! Im Haus gibt es eine Mausefalle!“ Die Kuh erwiderte: „Oh, liebe Maus, das tut mir sehr leid für dich, aber das betrifft mich nicht. Ich habe damit nichts zu tun.“

Die Maus kehrte mit hängendem Kopf und schwer entmutigt ins Haus zurück, um sich ganz allein der bedrohlichen Falle zu stellen. In der Nacht vernahmen der Bauer und seine Frau ein ungewöhnliches Geräusch, das durch das Haus wie das Schnappen einer Falle, die ihr Opfer gefangen hatte, hallte. Die Bäuerin sprang sofort auf, um nachzusehen, was die Falle erwischt hatte. „Vielleicht hatte sie endlich die freche kleine Maus gefangen“, dachte sie sich. Doch im Dunkeln konnte sie nicht erkennen, dass es eine giftige Schlange war, deren Schwanz in der Falle gefangen war. Die Schlange biss die Bäuerin, die im Laufe des Tages mit hohem Fieber ins Krankenhaus gebracht werden musste. Nach einigen Tagen durfte die Bäuerin das Krankenhaus wieder verlassen, litt jedoch immer noch an hohem Fieber. Da in der bäuerlichen Kultur Fieber oft mit frischer Hühnersuppe behandelt wird, nahm der Bauer ein großes Messer zur Hand und begab sich in den Hühnerstall, um die Hauptzutat für die Suppe zu holen. Trotz seiner Bemühungen blieb die Krankheit seiner Frau aber weiterhin bestehen und viele Freunde kamen vorbei, um sie zu besuchen. Das Haus war nun voller Gäste und um alle ernähren zu können, sah sich der Bauer gezwungen, das Schwein zu schlachten.

Bald darauf verstarb seine Frau und bei der Beerdigung kamen so viele Menschen, dass er auch seine Kuh schlachten musste, um sie alle zu beköstigen. Aus ihrem kleinen Loch in der Wand beobachtete die Maus hilflos und mit tiefer Trauer das Schicksal ihrer Freunde. Oftmals können die Herausforderungen anderer auch Auswirkungen auf uns haben, denn auf dieser Reise namens Lebens sind wir alle miteinander verbunden. Fürsorge füreinander ist eine wundervolle Möglichkeit, einander zu ermutigen und zu unterstützen.

Übungen zu den Geschichten

Die Bewältigung von Verlust und die Heilung während des Trauerprozesses sind komplexe und individuelle Erfahrungen. Jeder Trauernde muss seinen eigenen Weg finden, um mit seinem Verlust umzugehen. Die Kurzgeschichten dieses Kapitels sollen dabei als Inspiration dienen, verschiedene Perspektiven auf die Bewältigung der Trauer aufzuzeigen, und nicht zuletzt auch Hoffnung spenden. Um Ihren eigenen Trauerprozess zu unterstützen und zu lernen, mit Ihrem Verlust besser umzugehen, finden Sie im Nachfolgenden vier Übungen, die Ihnen helfen sollen, Ihre eigene Trauer besser zu bewältigen.

Übung 1 – Reflexion über die Geschichten:

Nachdem Sie jede einzelne Kurzgeschichte gelesen haben, reflektieren Sie die Trauergeschichten offen und ehrlich. Das Lesen von Trauergeschichten ermöglicht es Ihnen nämlich nicht nur, verschiedene Perspektiven einzunehmen, sondern auch, unterschiedliche Bewältigungsstrategien kennenzulernen. Aus den Erfahrungen anderer können Sie lernen, Hoffnung und Mut zu schöpfen sowie neue Wege zu finden, um mit Ihrer eigenen Trauer umzugehen. Gleichzeitig können Ihnen die Geschichten dabei helfen, Ihre eigenen Gefühle anzuerkennen, zu verstehen und zu verarbeiten.

Anleitung:

- Nehmen Sie sich Zeit, um über die Kurzgeschichten nachzudenken und Ihre eigenen Gedanken und Gefühle zu reflektieren. Hinterfragen Sie, wie Sie sich fühlen und was Sie fühlen, nachdem Sie die Geschichten gelesen haben, und welche Emotionen sie in Ihnen auslösen. Schreiben Sie all Ihre Eindrücke und Empfindungen in einem Trauertagebuch nieder.

- Überlegen Sie sich nun einmal, welche Gemeinsamkeiten, Unterschiede und Resonanzpunkte Sie ausfindig machen können. Gibt es Parallelen zwischen den Charakteren, ihren Erfahrungen und Ihnen? Ähnelt die Handlung einer Geschichte dem Verlauf Ihres Verlustes?

- Betrachten Sie die Lösungswege und Bewältigungsstrategien der Geschichten.

- Reflektieren Sie außerdem, was Sie aus den Geschichten lernen und vielleicht sogar auf Ihrer eigenen Reise durch die Trauer anwenden können.

- Basierend auf Ihren Reflexionen und Erkenntnissen aus den einzelnen Geschichten entwickeln Sie abschließend konkrete Handlungspläne, die Sie dabei unterstützen, Ihre eigene Trauer zu bewältigen und Ihre Heilung voranzutreiben.

Übung 2 – Schreiben einer eigenen Geschichte:

Die fünf Kurzgeschichten zeigen Ihnen unterschiedliche Trauererfahrungen sowie verschiedene Perspektiven auf die Bewältigung der Trauer auf. Nun ist es an der Zeit, eine eigene Kurzgeschichte über Ihren persönlichen Verlust und den Weg der Heilung, den Sie beschreiten möchten, zu schreiben. Lassen Sie sich dabei von den Kurzgeschichten inspirieren und lassen Sie Ihre Gefühle und Gedanken authentisch und frei fließen.

Anleitung:

- Nehmen Sie sich Zeit und suchen Sie sich einen ruhigen Ort, an dem Sie ungestört über Ihren Verlust nachdenken können. Reflektieren Sie Ihre Gedanken, Gefühle und die Erfahrungen, die Sie gesammelt haben, und fragen Sie sich, welche Aspekte Ihres Verlustes bedeutsam für Sie sind und wie sich Ihre Trauer im Laufe der Zeit bislang entwickelt hat.

- Überlegen Sie sich anschließend, welche Struktur Sie Ihrer Geschichte geben und aus welcher Perspektive Sie diese erzählen möchten. Sie können Ihre Geschichte zum Beispiel klassisch mit einer Einleitung, die den Kontext beschreibt und zum Verlust hinführt, beginnen lassen und dann eine Handlung entwickeln, die Ihren Weg zur Heilung und die Wendepunkte, an denen Sie dabei angelangen, wiedergibt. Denken Sie darüber nach, ob Sie die Geschichte aus Ihrer Perspektive oder aus der Perspektive eines anderen (fiktiven) Charakters erzählen möchten. Wie wollen Sie Ihre Charaktere in die Geschichte einführen und welche Entwicklung sollen sie durchlaufen, um Ihrer Geschichte Leben einzuhauchen?

- Im Anschluss beginnen Sie damit, Ihre Geschichte in Ihr Trauertagebuch niederzuschreiben. Seien Sie dabei einerseits respektvoll und einfühlsam sich selbst und anderen, die Teil Ihrer Geschichte sein könnten, gegenüber, bleiben Sie andererseits aber immer auch authentisch und ehrlich. Nutzen Sie Worte, um Ihre Gedanken und Emotionen prägnant und klar zu transportieren.

- Nachdem Sie Ihre Geschichte vollständig aufgeschrieben haben, nehmen Sie sich Zeit, um sie zu lesen und Ihre Worte zu reflektieren. Spüren Sie, wie es sich anfühlt, Ihre Gedanken, Gefühle und Erfahrungen auf diese Weise zum Ausdruck zu bringen, und überlegen Sie sich, welche Erkenntnisse Sie durch den Schreibprozess gewonnen und welche Dinge Sie dadurch gelernt haben.

- Wenn Sie möchten, können Sie Ihre Geschichte mit anderen Menschen teilen. Das kann eine wundervolle Möglichkeit sein, um nicht nur Ihre eigenen Erfahrungen zu verarbeiten, sondern sich auch mit anderen Trauernden, die ähnliche Erlebnisse durchlebt haben, zu verbinden.

Übung 3 – Identifikation mit Charakteren:
Die Identifikation mit Charakteren aus Trauergeschichten kann Sie dabei unterstützen, ein tieferes Verständnis für Ihre eigenen Gefühle zu entwickeln, indem sie Ihnen aufzeigen, wie andere mit ähnlichen Herausforderungen umgegangen sind. Das kann Ihnen dabei helfen, sich weniger isoliert und alleine zu fühlen, und Ihnen bewusst machen, dass Trauer zwar eine individuelle, aber trotzdem universelle Erfahrung ist. Außerdem zeigen die Charaktere in verschiedenen Trauergeschichten oftmals unterschiedliche Reaktionen und Bewältigungsstrategien, durch die Sie neue Perspektiven kennenlernen und neue Wege entdecken können, um mit Ihrer eigenen Trauer umzugehen. Häufig sind die Charaktere dabei eine wahre Quelle der Inspiration und zeigen, wie Menschen trotz schmerzhafter Verluste Hoffnung verspüren und Heilung erfahren.

Anleitung:

- Suchen Sie sich einen Charakter aus den fünf Kurzgeschichten aus, mit dem Sie sich am meisten identifizieren, oder einen, der ähnliche Erfahrungen wie Sie gemacht hat.
- Schreiben Sie in Ihrem Trauertagebuch über Ihre Gedanken und Gefühle zu diesem Charakter und seinen Erfahrungen. Überlegen Sie sich, warum Sie sich genau zu diesem Charakter hingezogen fühlen, welche Parallelen und vielleicht auch Unterschiede es gibt und was Sie aus seinen Reaktionen und von seiner Reise lernen können.

- Denken Sie darüber nach, auf welche Bewältigungsstrategien der Charakter in seiner Geschichte zurückgreift, um besser mit seiner Trauer umzugehen. Gibt es ähnliche Strategien, die Sie in Ihrem Leben anwenden können? Falls ja, welche sind das und wie könnten Sie diese umsetzen?
- Versuchen Sie abschließend, die Erkenntnisse, die Sie aus der Geschichte und aus dem Charakter gewonnen haben, und die Bewältigungsstrategien, die Sie dabei identifizieren konnten, in Ihren eigenen Alltag zu integrieren.

Übung 4 – Unterstützung und Gemeinschaft:

Bei der Bewältigung der eigenen Trauer und der Förderung der eigenen Heilung spielen Unterstützung und Gemeinschaft eine bedeutende Rolle. Auf der einen Seite kann das Teilen von Gefühlen, Gedanken und Erfahrungen eine enorme Erleichterung sein und dazu beitragen, dass sich Trauernde verstanden fühlen und in ihrem Schmerz weniger alleine sind.

Auf der anderen Seite ermutigen sich die Mitglieder in einer unterstützenden Gemeinschaft gegenseitig dazu, sich um ihre physische und emotionale Gesundheit zu kümmern und auf sich selbst zu achten. Außerdem kann eine Gemeinschaft eine praktische Unterstützung beim Erledigen von alltäglichen Aufgaben oder der Organisation von Bestattungen sein. Darüber hinaus kann der Austausch mit Gleichgesinnten dazu beitragen, unterschiedliche Perspektiven auf den Verlust und des Prozesses der Trauer zu gewinnen, und somit dabei helfen, neue Bewältigungsstrategien zu entdecken.

Anleitung:

- Wenn Sie sich bereit dazu fühlen, suchen Sie nach Online- und/oder lokalen Gemeinschaften und Selbsthilfegruppen, die sich mit dem Thema Trauer und Trauerbewältigung beschäftigen. Recherchieren Sie dafür online oder fragen Sie in örtlichen Hospizen, Gemeindezentren oder anderen Einrichtungen nach Selbsthilfegruppen für Trauernde.

- Finden Sie heraus, welche Gruppen sich wann und wo regelmäßig treffen, und nehmen Sie an einer Sitzung teil, um herauszufinden, ob die Gruppe Ihren Bedürfnissen entspricht und ob diese für Sie geeignet ist.

- Engagieren Sie sich während den Sitzungen aktiv und tauschen Sie sich dort mit anderen Betroffenen offen und ehrlich über den Verlust aus. Teilen Sie sowohl Ihre Erfahrungen als auch Ihre Erkenntnisse, hören Sie anderen natürlich selbst aufrichtig zu und bringen Sie ihnen Empathie entgegen.

- Nutzen Sie die Informationen und Ressourcen, die in der Selbsthilfegruppe zur Verfügung gestellt werden, und nehmen Sie regelmäßig an den Treffen teil, um Ihren Heilungsprozess zu fördern und gleichzeitig eine stabile Gemeinschaft aufzubauen.

Trauer im kulturellen Kontext

Die Trauererfahrung wird stark von kulturellen Traditionen, Werten und Glaubenssystemen geprägt und verschiedene Kulturen auf der ganzen Welt haben ihre eigenen Ansätze zur Bewältigung von Trauer entwickelt, die das individuelle Trauererlebnis der Hinterbliebenen nachhaltig prägen können. Außerdem spielen in vielen Kulturen traditionelle Trauerrituale eine zentrale Rolle, um den Verlust von verstorbenen Menschen besser bewältigen zu können. Diese Trauerrituale dienen dazu, den Hinterbliebenen beizustehen, ihnen Trost zu spenden, sie beim Trauern zu unterstützen und den Verstorbenen gleichzeitig zu ehren.

Darüber hinaus sind Religion und Spiritualität bei der Trauerbewältigung in vielen Kulturen von entscheidender Bedeutung. So spenden Gebete, glaubensbasierte Rituale und Vorstellungen von einem Leben nach dem Tod den Hinterbliebenen nicht nur Trost, sondern geben ihnen gleichzeitig auch Hoffnung. Während in christlichen Gemeinschaften beispielsweise Beerdigungsrituale, die auf die Auferstehung und das ewige Leben im Jenseits hinweisen, praktiziert werden, werden im Hinduismus Zeremonien, wie die rituelle Verbrennung der

Verstorbenen am Ufer des Ganges (heiliger Fluss in Indien), durchgeführt, um den Übergang des Verstorbenen von einem Leben zum nächsten zu markieren. So verschieden traditionelle Trauerrituale und religiöse Überzeugungen auch sein mögen, sie bieten den Trauernden in jedem Fall einen Rahmen, um den Verlust einer nahestehenden Person zu verarbeiten und emotionale Unterstützung zu finden. Dabei ermöglichen die Rituale den Menschen, ihre Trauer zu durchleben, sich mit anderen zu solidarisieren und in ihrer Trauer eine gewisse Bedeutung zu finden. Durch die Beteiligung an Zeremonien können die Trauernden ein Gefühl der Kontinuität zwischen Gegenwart, Vergangenheit und Zukunft erleben, was ihnen in einer Zeit der Trauer Hoffnung und Trost spendet.

CHRISTENTUM

Im Christentum gibt es verschiedene Arten der Bestattung, zu denen die Erdbestattung, die Feuerbestattung und die Seebestattung gehören. Die Erdbestattung, bei der der Verstorbene in einem Sarg begraben wird, ist dabei die traditionelle Bestattungsform. Im Gegensatz dazu wird der Körper des Verstorbenen bei der Feuerbestattung eingeäschert und seine Asche wird anschließend in einer Urne beigesetzt. Die Seebestattung ist eine besondere Form der Feuerbestattung, bei der die Asche des Verstorbenen wiederum im Meer verstreut wird. Aufgrund ihres Glaubens an die körperliche Auferstehung lehnten viele christlichen Kirchen die Feuer- und Urnenbestattung früher ab, weshalb die Sargbestattung für lange Zeit die traditionelle Bestattungsmethode im Christentum war. Die Einäscherung als Alternative zur traditionellen Bestattung wird heutzutage jedoch von den meisten Kirchen toleriert.

Üblicherweise wird eine christliche Trauerfeier in der Kirche abgehalten. Dabei sind die vorderen Bänke in der ersten Reihe den Angehörigen vorbehalten und es besteht die Möglichkeit, sich am offenen Sarg vom Verstorbenen zu verabschieden – je nach den Wünschen der Familie oder des Verstorbenen. Ein Geistlicher leitet den Gottesdienst, bevor eine Prozession (Trauerzug) zum Grab stattfindet (Leichenzug), bei der der Sarg von dem Geistlichen und den Familienangehörigen direkt begleitet wird. Danach folgen Freunde und Bekannte. Am offenen Grab wird dann noch ein letztes Mal Abschied genommen. Der Geistliche spricht einige letzte Worte und wirft drei Handvoll Erde auf den Sarg. Anschließend haben die Anwesenden die Möglichkeit, ebenfalls Erde und/oder Blumen auf den Sarg zu werfen. Wenn gewünscht, können den Familienangehörigen danach Beileidsbekundungen ausgesprochen werden. Zum Abschluss versammeln sich alle Angehörigen und geladenen Gäste zum gemeinsamen Leichenschmaus.

JUDENTUM

Wenn Juden sich auf ihren bevorstehenden Tod vorbereiten, führen sie Gebete und Sündenbekenntnisse im Kreis ihrer Angehörigen durch. Kurz vor ihrem Tod sagen sie gemeinsam das jüdische Glaubensbekenntnis Schma Jisrael auf. Außerdem bittet der Sterbende um Vergebung für seine Fehler und drückt für das Wohlergehen der Überlebenden Hoffnung aus. Steht der Tod unmittelbar bevor, wird eine Feder unter die Nase des Sterbenden gelegt, um seine Atmung zu überprüfen. Bei einem Stillstand der Feder, was gleichzeitig auch auf einen Atemstillstand hinweist, gilt der Tod als bestätigt und Gott wird als Richter in Wahrheit gepriesen. Die Augen und der Mund des Verstorbenen werden geschlossen und sein Kopf wird mit einem Tuch umwickelt, bevor der Leichnam mit den Füßen Richtung Tür platziert wird.

Anschließend wird der Verstorbene gereinigt, ohne dass jemals der gesamte Körper entblößt wird, und ihm wird Totenkleidung angelegt. Bei der rituellen Waschung, die Tahara genannt wird, wird der Leichnam mehrere Male mit Wasser übergossen, während Psalmen (biblische Gebete) gesprochen werden. Die Beerdigung des Leichnams sollte dann innerhalb eines Tages erfolgen, wobei bis zum Tag der Beerdigung Totenwache gehalten wird, um sicherzustellen, dass der Verstorbene niemals alleine gelassen wird. Damit der Körper des Verstorbenen wieder zu Erde werden kann, sind im Judentum ausschließlich Erdbestattungen erlaubt und die Toten werden lediglich im Totengewand und im Leinentuch beerdigt. Da diese Praxis in unseren Regionen nicht erlaubt ist, werden Juden hierzulande in Särgen beigesetzt, wobei oftmals weiches Holz, das schnell verfällt, verwendet wird.

Die Begleitung des Verstorbenen zu seiner Bestattung wird als gute Tat und als Ehre betrachtet. Viele Juden wünschen sich, in Jerusalem begraben zu werden. Wenn das nicht möglich ist, wird dem Toten ein Säckchen mit Erde aus Israel unter den Kopf gelegt. Außerdem reißen die Anwesenden als Zeichen ihrer Trauer ein Stück ihrer Kleidung ein oder befestigen ein Band an ihrer Kleidung. Am Tag der Beerdigung spricht der älteste Sohn der Familie als Abschluss das Kaddisch-Gebet (Heiligungsgebet), woraufhin für die Familie die sogenannte Schiwa (sieben), die Trauerwoche, beginnt. Während der Trauerwoche bleiben die Trauernden für sieben Tage zu Hause, gehen nicht zur Arbeit, tragen keine festen Schuhe, rasieren sich nicht und werden von Freunden besucht und getröstet. Die Trauerwoche wird am Schabbat (siebter Wochentag, ein Ruhetag) sowie an den biblischen Feiertagen ausgesetzt. Auf die Trauerwoche folgt dann der Trauermonat, der Schloschim (dreißig) genannt wird und in dem die Trauernden die eingerissene Kleidung tragen und ebenfalls auf Schmuck, Rasieren und Haareschneiden verzichten. Die Trauer endet für die Angehörigen nach dem Trauermonat. Nur, wenn der eigene Vater oder die eigene Mutter stirbt, trauern Juden sogar ein ganzes Jahr um ihren Verlust. Nach dem Trauerjahr stellen sie dann am Kopf des Grabes einen Gedenkstein auf und die öffentliche Zurschaustellung der Trauer ist, außer am Todestag, nicht weiter erwünscht.

HINDUISMUS

Der Hinduismus, der hauptsächlich in Südasien verbreitet ist, ist für sein Kastensystem bekannt, das den Status von Einzelpersonen und Familien definiert. Aufgrund der Vielfalt in den jeweiligen Kasten, Regionen und im Status unterscheiden sich im Hinduismus auch die Bestattungsrituale stark voneinander. Aus diesem Grund können die im Nachfolgenden beschriebenen Riten auch nicht universell für alle Hindus gleichermaßen betrachtet werden.

Hindus glauben, genauso wie die Buddhisten, an einen sich ständig wiederholenden Kreislauf von Tod, Seelenwanderung und Wiedergeburt, der Samsara genannt wird. Deshalb bedeutet der Tod im Hinduismus auch nicht Verzweiflung, sondern steht vielmehr für Befreiung, da er immer einen Übergang zu einer neuen Existenzform symbolisiert. Das Karma als spirituelles Konzept entscheidet darüber, ob die unsterbliche Seele eines Verstorbenen, auch Atman genannt, als Mensch, Tier, Pflanze oder als Götterwesen wiedergeboren wird. Die Qualität und der Wohlstand im künftigen Leben werden dabei durch das Handeln im Hier und Jetzt bestimmt. Hindus können ihr Karma zum Beispiel durch gute Taten oder Opferrituale verbessern, während sich das Karma durch schlechte Taten, wie beispielsweise das Töten von Tieren, verschlechtert. Das oberste Ziel im Hinduismus ist es, den ewigen Kreislauf von Tod und Wiedergeburt zu durchbrechen und in einen Zustand ewiger und höchster Glückseligkeit zu kommen.

Grundsätzlich sollten Sterbende im Hinduismus möglichst nicht allein gelassen werden. Stattdessen sollten sie von ihren Angehörigen umgeben sein, die Mantras (heilige Worte) sprechen und spirituelle Lieder singen, die die Reinheit der Seele des Sterbenden erhalten sollen. Typischerweise wird der Sterbende im Hinduismus mit dem Kopf nach Süden gelegt, da dort der Todesgott Yama auf ihn wartet. Nach Möglichkeit soll der Sterbende außerdem Wasser des heiligen Flusses Ganges zum Trinken bekommen, damit seine Seele Frieden finden kann. Nach Eintritt des Todes wird der Verstorbene traditionell im häuslichen Umfeld aufbewahrt, gereinigt und gewaschen. Um zu verhindern, dass die Seele den Körper vorzeitig verlässt, werden Gras und Goldstücke in die Körperöffnungen gelegt. Der Tote wird dann in Tücher, die in heiligem Wasser getränkt wurden, gewickelt und mit den Füßen voraus zum Verbrennungsplatz getragen. Dort wird er mit dem Kopf nach Norden ausgerichtet auf einem Scheiterhaufen verbrannt. Idealerweise wird der Scheiterhaufen dabei vom ältesten Sohn des Verstorbenen angezündet.

Feuerbestattungen sind im Hinduismus weit verbreitet, da der Körper nur als Träger der Seele betrachtet wird. Um die Seele aus dem Körper entweichen zu lassen, wird der Schädel des Toten nach der vollständigen Verbrennung seines Leichnams zerschlagen. Erst zu diesem Zeitpunkt gilt der Mensch aus ritueller Sicht als tot. Seine Asche kann dann der Natur übergeben werden. Oftmals wird sie nach drei Tagen in den Ganges oder in das heilige Wasser eines anderen Flusses oder das eines Meeres gestreut.

Um die Verdienste des Verstorbenen zu ehren, werden Reisbällchen, auch bekannt als Pinda, als Opfer dargebracht. Diese Opfergabe dient außerdem dazu, die Seele des Verstorbenen zu beruhigen, damit diese nicht als Geist auf der Erde umherirrt und dort sein Unwesen treibt, sondern ihren Weg durch das Reich des Todesgottes Yama finden kann. Darüber hinaus sind Kerzen, die an Flüsse gelegt werden, eine weitere Form, mit der Hindus dem Toten gedenken.

BUDDHISMUS

Ähnlich wie der Hinduismus nimmt auch der Buddhismus viele unterschiedliche Ausprägungen an, sodass es verschiedene Formen von Totenritualen oder Abschiedszeremonien gibt. Grundsätzlich geht der Buddhismus von der Wiedergeburt aus. Dabei entscheidet auch im Buddhismus das Karma darüber, ob diese Wiedergeburt positiv oder negativ verläuft. Genau wie die Wiedergeburt ist auch die Phase des Sterbens von großer Bedeutung, da sie den Übergang zum nächsten Leben prägt.

Während des Sterbeprozesses sollte der Sterbende von jemandem begleitet und gepflegt werden, der positive Gefühle und Energien ausstrahlt und seinen Geist auf heilsame Gedanken und Objekte lenken kann. Negative Einflüsse in der Sterbephase könnten dazu führen, dass der Sterbende als ein niedrigeres Wesen wiedergeboren wird. Aus diesem Grund ist es wichtig, dass der Sterbeprozess nicht von Hektik geprägt ist, wie etwa durch nervöse Ärzte oder Krankenschwestern, und die Person somit in ihrer Vorbereitung auf den Tod nicht gestört wird. Genau wie im Hinduismus bedeutet der Stillstand der Atmung im Buddhismus nicht unbedingt direkt den Tod, da der Geist noch im Körper verweilt. Deswegen sollte der Leichnam für eine gewisse Zeit ungestört gelassen werden. In den meisten buddhistischen Strömungen ist es dabei üblich, den Leichnam des Verstorbenen bis zu drei Tage aufzubewahren. In dieser Zeit darf der Leichnam nicht berührt werden, da Buddhisten davon überzeugt sind, dass der Sterbevorgang noch nicht vollkommen abgeschlossen ist und dass die Berührung diesen Vorgang stören könnte.

Anstelle dessen singen die Trauernden Lieder, rezitieren religiöse Texte und meditieren gemeinsam – oftmals in Anwesenheit von Mönchen, die für ihre Teilnahme an der Abschiedszeremonie der Hinterbliebenen mit Almosen entlohnt werden. Ein Mönch führt außerdem die Segnung des Sarges durch. Diese Rituale sollen die Wiedergeburt der verstorbenen Person zum Positiven beeinflussen. Der Umfang der Riten variiert dabei je nach buddhistischer Strömung. Während die Feierlichkeiten im Zen-Buddhismus zum Beispiel oftmals sehr schlicht gehalten sind, umfasst die Trauerfeier im tibetischen Buddhismus eine Vielzahl an Riten. In den meisten Fällen werden Tote im Buddhismus verbrannt. Bei der Verabschiedung stehen dabei die positiven Eigenschaften des Verstorbenen im Mittelpunkt. Da Trauer im Buddhismus als Selbstmitleid angesehen wird, sollten Anwesende während der Verabschiedung nicht weinen und dem Geist des Verstorbenen ausschließlich positive Energien mitgeben, die meistens von Lesungen der überlieferten Reden Buddhas begleitet werden.

ISLAM

Muslime glauben an den Gott Allah, der von Mohammed gesandt wurde, um den Menschen die Offenbarungen und Suren (die 114 Kapitel des Korans) zu überliefern. Die islamische Bestattung beginnt bereits vor dem eigentlichen Tod, indem Muslime auf ihre rechte Seite in Blickrichtung Mekka (heiligste Stadt des Islams, Geburtsort des Propheten Mohammed und des Glaubens selbst) gelegt werden. Dabei wird das Glaubensbekenntnis des Islams, die Schahada, so lange gesprochen, wie der Sterbende noch bei Bewusstsein ist. Nach dem Tod werden seine Augen geschlossen und sein Mund wird durch Umwickeln eines Tuchs um den Kopf verschlossen. Anschließend wird der Verstorbene mit den Füßen Richtung Mekka gelegt und sein Körper mit einem Tuch bedeckt.

Die rituelle Waschung erfolgt gleichgeschlechtlich und darf ausschließlich von Muslimen durchgeführt werden. Der Leichnam wird von Kopf bis Fuß mit heißem, fließendem Wasser und Seife gereinigt, ohne dass er chirurgisch verändert wird, und anschließend in ein weißes Leinentuch (Kefen) eingewickelt. Bei der Überführung zum Grab wird der Leichnam von einer Prozession begleitet und es wird als ehrenvoll angesehen, sich dieser Trauerprozession als Muslim anzuschließen. Dabei wird nicht geweint, geklagt oder geschrien. Der Leichnam wird im Grab auf seiner rechten Seite platziert, wobei sein Gesicht nach Mekka zeigt. Außerdem werden Suren verlesen und es wird über die guten Taten des Verstorbenen gesprochen. Den Angehörigen wird in den drei darauffolgenden Tagen Beileid ausgesprochen. Anschließend gelten Kondolenzbesuche als unangebracht. Die Erinnerung an die verstorbene Person findet an Feiertagen statt, an denen Angehörige oftmals den Friedhof besuchen. Dabei werden keine Kerzen angezündet und beim Verstorbenen wird nicht um Hilfe gebeten, stattdessen soll aus dem Koran vorgelesen werden.

RESILIENZ UND NEUANFANG

Die Trauerbewältigung ist ein komplexer Prozess, der von vielen Höhen und Tiefen sowie Fortschritten und Rückschlägen geprägt ist. Obwohl Forschende in den vergangenen Jahrzehnten unterschiedliche Trauermodelle entwickelt haben, die die einzelnen Phasen der Trauer und des Verlustes besser beschreiben und damit nachvollziehbar machen sollen, werden die Richtigkeit und die Allgemeingültigkeit dieser Modelle heutzutage immer wieder angezweifelt. Mit Sicherheit gibt es Menschen, bei denen der Trauerprozess wie in den einzelnen Modellen beschrieben verläuft, allerdings sollten Trauermodelle keinesfalls als Standard oder als Richtlinie für jeden Menschen vorausgesetzt werden.

Der amerikanische Professor der klinischen Psychologie George Bonanno ist führender Experte im Bereich der Trauer-, Trauma- und Resilienzforschung und widmet sich seit Jahrzehnten der Erforschung von Trauer. Im Laufe der Zeit hat er dabei zahlreiche systematische Studien durchgeführt, in denen er Menschen über lange Zeiträume begleitet hat. Aus seinen Untersuchungen konnte er wertvolle Erkenntnisse gewinnen, die die bisherigen Vorstellungen über Trauer in Frage stellen. Seine zentrale These ist, dass die überwiegende Mehrheit aller Trauernden eine natürliche Widerstandskraft besitzt, die als Resilienz bekannt ist und in Zeiten der Trauer eine bedeutende Rolle spielt.

Definition Resilienz
Resilienz bezeichnet die natürlichen Selbstheilungskräfte des Menschen, die auch in schweren Krisen das psychische Gleichgewicht in erstaunlich kurzer Zeit wiederherstellen können – und das oft sogar ohne externe Unterstützung. Das bedeutet jedoch keinesfalls, dass Betroffene keinen Schmerz, kein Leid oder keinen Kummer empfinden. Allerdings sind sie durchaus in der Lage, mit dem Verlust der verstorbenen Person umzugehen und ihre Gefühle, wenn nötig, auch zu unterdrücken, um ihrer Psyche erst einmal Raum zur Erholung zu geben.

Bislang wurde nämlich oftmals angenommen bzw. sogar erwartet, dass Trauer mit extrem intensiven Emotionen einhergeht. Bonanno argumentiert jedoch, dass Trauer und starke Emotionen nicht immer gemeinsam auftreten müssen und dass Trauergefühle, selbst beim Verlust eines engen Angehörigen, eher mild sein können. Die Trauererfahrung ist schließlich immer äußerst individuell und jeder Mensch trauert auf seine eigene Art und Weise. Die Fähigkeit der Resilienz geht mit persönlichen Eigenschaften und Ressourcen einher, wobei zum Beispiel die Fähigkeit zur Selbstreflexion und jene zum Selbstmitgefühl sowie die Fähigkeit, positive Beziehungen zu anderen aufzubauen und dadurch soziale Unterstützung zu bekommen, wichtige Eigenschaften sind, die zur Resilienz beitragen können. Gefühle der Unterstützung und der Verbundenheit können nämlich dabei helfen, Trost zu finden und Herausforderungen besser zu bewältigen. Außerdem ist es wichtig, immer einen positiven Blick in Richtung Zukunft zu bewahren und die Hoffnung nicht aufzugeben. Menschen, die widerstandsfähig sind, betrachten Schwierigkeiten und Herausforderungen häufig als Chance für Entwicklung, persönliches Wachstum und als Gelegenheit, neu anzufangen.

Der Weg zum Neuanfang beginnt dabei häufig mit der Erkundung nach dem Sinn des Verlustes. Diese Suche nach Bedeutung kann dazu führen, neue Lebensperspektiven und -ziele zu entwickeln, die Hinterbliebenen dabei helfen, sich wieder zu orientieren, ihre Prioritäten zu ordnen und eine positive Vision der Zukunft zu erschaffen. Diese Sinnfindung kann somit dazu beitragen, einen Neuanfang nach einem Verlust zu gestalten und Trauernde auf einen positiven Weg zu bringen. Im Zuge dessen können kreative Ausdrucksformen wie Schreiben, Malen oder Musik einen wichtigen Beitrag zur Trauerbewältigung leisten und helfen, den eigenen Gefühlen Ausdruck zu verleihen. Indem Trauernde ihre Gedanken und Gefühle kreativ und künstlerisch ausdrücken, können sie sie besser verstehen, verarbeiten, einen Ausweg aus dem Schmerz finden und schließlich auch Raum für Heilung und Wachstum schaffen. Neben der natürlichen Widerstandskraft von Trauernden haben Bonannos Forschungen weiterhin gezeigt, dass Trauer und die damit einhergehenden Emotionen nicht in klar definierten Phasen auftreten, sondern eher einer wellenartigen Bewegung folgen, deren Intensität allmählich nachlässt. Der Schmerz des Verlustes kommt und geht also wieder und nimmt bei den meisten Menschen im Laufe der Zeit ab. Während des Trauerprozesses eines resilienten Menschen treten zudem frühzeitig auch positive Emotionen auf, wie zum Beispiel spontanes Lachen, tröstliche Erinnerungen und Momente der Unbeschwertheit, in denen der Verlust für einen kurzen Augenblick vergessen wird. Diese kleinen Auszeiten voller positiver Emotionen erleichtern den Hinterbliebenen die Bewältigung der Trauer und können beispielsweise der Entwicklung einer Depression entgegenwirken.

Die neueren Erkenntnisse der Trauer- und Resilienzforschung sind für viele Menschen in Verlustsituationen sicherlich von großem Nutzen. Immer wieder können Hinterbliebene erleichtert feststellen, dass es vollkommen normal ist, dass ihr Trauerprozess nicht den bisherigen Erwartungen entspricht. Dabei kann vor allem die Erkenntnis, dass gesunde Menschen normalerweise über ausreichend innere Ressourcen verfügen, um mit schrecklichen Verlusten umzugehen, ein Trost sein und auch in den dunkelsten Stunden ein wenig Hoffnung spenden.

Strategien zur Trauerbewältigung

SELBSTPFLEGE UND ACHTSAMKEIT

Der Verlust eines geliebten Menschen stellt eine enorme emotionale Belastung dar, sodass Selbstpflege und Achtsamkeit wichtige Strategien zur Trauerbewältigung sein können. Selbstpflege in der Trauerbewältigung bedeutet dabei, sich bewusst um das eigene Wohlbefinden zu kümmern und die Bedürfnisse von Körper, Geist und Seele zu berücksichtigen. Achtsamkeit beinhaltet hingegen, den gegenwärtigen Moment bewusst zu erleben, ohne über ihn zu urteilen.

Durch Selbstpflege und Achtsamkeit können verschiedene Maßnahmen ergriffen werden, die den Trauernden dabei helfen, ihre eigenen Gefühle besser zu verstehen, sich selbst Unterstützung und Trost zu spenden, die eigene Widerstandsfähigkeit zu stärken und besser mit den Herausforderungen des Verlustes umzugehen.

Entspannungsmeditation

Die Meditation ist eine spirituelle Praxis, die von Menschen seit Jahrtausenden (ca. 5000 Jahre) praktiziert wird und eine wundervolle Möglichkeit bietet, Ihrer Seele Gutes zu tun. Während der Meditation konzentrieren Sie sich ganz auf sich selbst und tauchen in Ihre eigene Körpermitte ein. Dabei streben Sie danach, Körper, Geist und Seele in Einklang zu bringen und tiefe Entspannung zu erfahren. Durch die Meditation lernen Sie, Ihren Geist zu zentrieren, sich von negativen Gedanken zu lösen, Stress zu bewältigen, gelassener auf Herausforderungen zu reagieren, emotionale Blockaden zu lösen und Ängste zu reduzieren oder diese sogar aufzulösen. Außerdem entdecken Sie Ihre wahre Natur, gewinnen an innerer Stärke und schöpfen leichter und schneller neue Energie.

Tipps für die Meditation:

- Gestalten Sie einen Meditationsplatz: Wählen Sie einen ruhigen Ort für Ihre Meditation, an dem Sie sich wohl fühlen und der frei von Ablenkungen ist.

- Wählen Sie Ihre Meditationshaltung: Der Lotussitz ist eine klassische Position für die Meditation, aber Sie können natürlich auch jede andere bequeme Haltung einnehmen. Gerne können Sie auch ein Meditationskissen nutzen, sich auf einen Stuhl setzen oder das Meditieren im Liegen ausprobieren. Die Methode, die Ihnen am meisten Entspannung bietet, ist die richtige für Sie.

- Beseitigen Sie alle potenziellen Störquellen: Entfernen Sie Ihr Handy vom Meditationsplatz und informieren Sie Ihre Familie darüber, dass Sie für eine Weile ungestört sein möchten. Dunkeln Sie gegebenenfalls den Raum ab und schließen Sie Fenster und Türen, um Licht und Geräusche zu minimieren.

- Praktizieren Sie regelmäßig: Beginnen Sie mit kurzen Meditationssitzungen und steigern Sie die Dauer im Laufe der Zeit. Integrieren Sie die Meditation regelmäßig in Ihren Alltag und konzentrieren Sie sich dabei auf eine bewusste Atmung. Versuchen Sie, vollkommen im Moment anzukommen, indem Sie sich auf Ihren Körper und Geist konzentrieren und Ihre Gedanken beiseiteschieben.

- Auflösung der Meditation: Wenn Sie am Ende der Meditation angelangt sind, öffnen Sie langsam Ihre Augen und bleiben noch einen Moment lang ruhig liegen oder sitzen. Atmen Sie einige Male tief ein und aus, strecken und dehnen Sie sich und bewegen Sie Ihren Körper dann ganz langsam.

- Nach der Meditation: Nehmen Sie sich Zeit, um wieder in den Alltag zurückzukehren, und trinken Sie nach der Meditation ein Glas Wasser, um sich zu erfrischen.

Die geführte Entspannungsmeditation:

Audiodatei 1

Diese Entspannungsmeditation ist besonders gut für Anfänger geeignet. Sie fördert die Konzentration, hilft beim Stressabbau, löst emotionale Blockaden und entspannt Körper und Geist. „Ein herzliches Willkommen! Es ist wunderbar, dass Sie sich heute etwas Zeit für sich selbst nehmen, um eine Entspannungsmeditation zu praktizieren. Bitte legen Sie sich für diese Entspannungsmeditation hin und nehmen Sie eine bequeme Position ein. Schließen Sie nun Ihre Augen und konzentrieren Sie sich ganz auf sich selbst. Beginnen Sie damit, tief durch die Nase einzuatmen und die Luft langsam durch den leicht geöffneten Mund ausströmen zu lassen. Atmen Sie noch einmal tief ein und entspannt aus. Spüren Sie dabei, wie Ihr Körper mit jedem Atemzug ruhiger wird und sich Ihre Gedanken allmählich beruhigen.

Nun sind Sie dazu eingeladen, ein Objekt Ihrer Wahl zur Hand zu nehmen, auf das Sie sich während dieser Meditation fokussieren werden. Dies kann ein Gegenstand (zum Beispiel ein Objekt des Verstorbenen), ein Bild, das den verlorenen Menschen zeigt, oder auch eine kurze Silbe, ein sogenanntes Mantra, sein, das Sie regelmäßig wiederholen. Richten Sie Ihre gesamte Aufmerksamkeit auf dieses Objekt. Sollten Sie bemerken, dass Ihre Gedanken abschweifen, beobachten Sie diese einfach und lassen Sie sie wie kleine weiße Wolken am Himmel vorüberziehen. Welche Gedanken auch immer gerade in Ihrem Geist auftauchen: Sie können diesen auch später noch nachgehen. Konzentrieren Sie sich nun wieder auf Ihr gewähltes Objekt. Spüren

Sie, wie Ihr Körper und Ihr Geist mit jedem Herzschlag ruhiger werden. Atmen Sie tief durch die Nase ein und sanft durch den Mund aus. Fühlen Sie, wie sich Ihre Bauchdecke mit jedem Atemzug hebt und senkt, während Sie positive Energie und Entspannung einatmen und Anspannung sowie negative Gedanken ausatmen. Genießen Sie dieses Gefühl der tiefen Entspannung.

Nehmen Sie nun noch einen weiteren tiefen Atemzug durch Ihre Nase, halten Sie die Luft für einen Moment an und lassen Sie sie dann sanft wieder los. Atmen Sie erneut tief durch die Nase ein, halten Sie den Atem kurz an und atmen Sie dann wieder aus. Wenn Sie bereit sind, öffnen Sie behutsam Ihre Augen und kehren langsam und entspannt in Ihren Tag zurück. Verweilen Sie noch einen Moment lang in der Position. Beginnen Sie nun langsam damit, Ihre Finger und Zehen zu bewegen und sich ein wenig zu strecken – so, wie es sich für Sie angenehm anfühlt. Haben Sie noch einen wundervollen, energiegeladenen und vor allem positiven Tag."

Die Trauermeditation:

Audiodatei 2

Diese Meditation eignet sich hervorragend für den Trauerprozess und hilft, in schmerzhaften und aufwühlenden Momenten Entspannung und Ruhe zu finden, Stressreaktionen zu reduzieren und sich mit sich selbst zu verbinden.

Anleitung:

- Setzen Sie sich bequem und aufrecht hin und entspannen Sie Ihre Schultern.

- Schließen Sie sanft Ihre Augen und konzentrieren Sie sich auf Ihre Atmung. Atmen Sie einige Male tief durch Ihre Nase ein und spüren Sie, wie sich Ihre Lunge mit Luft füllt. Halten Sie Ihren Atem nun für einen Moment an und lassen Sie die Luft wieder langsam durch Ihren Mund entweichen. Lenken Sie Ihre Aufmerksamkeit auf die verschiedenen Bereiche Ihres Körpers. Beginnen Sie dabei mit Ihren Füßen und arbeiten Sie sich langsam nach oben. Spüren Sie die Spannung und Entspannung in jedem Bereich Ihres Körpers ganz bewusst. Lassen Sie jede Spannung mit jeder Ausatmung los und geben Sie Ihrem Körper die Erlaubnis, zu entspannen.

- Visualisieren Sie nun einen Ort der Sicherheit und der Ruhe, der Ihnen Trost und Entspannung schenkt. Das kann zum Beispiel ein beruhigender Garten, ein schöner Strand oder ein friedlicher Wald sein. Erlauben Sie sich, vollkommen in diese Vorstellung einzutauchen und alle Details des Ortes wahrzunehmen: die Gerüche, die Geräusche, die Texturen und die Farben. Nun wählen Sie ein beruhigendes Mantra oder eine positive Affirmation (Bejahung, positiver Satz), wie zum Beispiel „Ich gehe mit Liebe und Mitgefühl durch meine Trauer" oder „Ich habe die Kraft, meine Trauer zu bewältigen", und wiederholen es leise für sich selbst.

- Erlauben Sie sich jetzt, Ihre Emotionen und Gefühle urteilsfrei und ohne jeglichen Widerstand zu spüren. Lassen Sie all die Dinge los, die Sie belasten, und erlauben Sie sich zur selben Zeit, in einem Zustand vollkommener Akzeptanz und Ruhe zu verweilen. Sobald Sie bereit sind, öffnen Sie langsam Ihre Augen und kehren in Ihren Tag zurück. Beginnen Sie langsam damit, sich zu bewegen und ein wenig zu strecken. Spüren Sie, wie sich Ihr Körper nun im Vergleich zu vorher anfühlt.

Sinneserfahrung mit ätherischen Ölen

Ätherische Öle können in schweren Lebensphasen wahrhaftige Seelentröster sein. Ihr Duft hat eine beruhigende und tröstende Wirkung, die dabei helfen kann, loszulassen und neue Zuversicht zu finden. In Zeiten der Trauer spenden sie Licht in der Dunkelheit und erheben trübe Gedanken. Durch ihren Duft senden ätherische Öle subtile Schwingungen aus, die Trauernden Ruhe, Gelassenheit und Liebe spenden. Sie erleichtern ihr Herz, vertiefen ihre Atmung und tragen dazu bei, wieder Ruhe ins Leben einkehren zu lassen. Außerdem vermitteln ätherische Öle ein Gefühl von Sicherheit und Schutz und unterstützen Trauernde dabei, ihren Schmerz und den Verlust zu verarbeiten.

Ätherische Öle lassen sich dabei auf vielfältige Weise verwenden und können zum Beispiel in Aromatherapie-Diffusoren oder Verdampfern verdampft, als Duft inhaliert, verdünnt auf die Haut aufgetragen, als Zusatz in einem warmen Bad oder auf einer Kompresse oder gemeinsam mit einem Trägeröl als Massageöl genutzt werden. Auf welche Art und Weise Sie ätherische Öle während Ihres Trauerprozesses nutzen möchten, bleibt dabei vollkommen Ihnen überlassen. Es gibt weder einen falschen Weg, die Öle anzuwenden, noch einen falschen Weg, ein Öl auszuwählen. Wichtig ist, dass Sie beim Kauf darauf achten, auf 100 % naturreine Öle zurückzugreifen.

Ätherische Öle, die während der Trauer unterstützen können

Bergamotte:

Bergamotte ist als natürliches Antidepressivum bekannt und vermittelt leichte und freudige Emotionen. Es eignet sich hervorragend für die Förderung positiver Erinnerungen und kann Spannungen in gereizten Situationen lösen. Ihr erfrischender, süßer und blumiger Duft bringt Licht in die Seele und hilft, seelisch-emotionale Schwankungen auszugleichen.

Ingwer:

Sobald der anfängliche Schock der Trauer überwunden ist und Hinterbliebene damit beginnen, ihren Verlust zu verarbeiten, kann Ingwer ein ausgezeichneter Unterstützer im Trauerprozess sein. In Zeiten des Verlustes fühlen sich Hinterbliebene oft energetisch ausgelaugt und erschöpft. Dann kann Ingwer dabei helfen, ihre Energie neu aufzuladen, und sie dabei unterstützen, ihr Leben wieder aktiv anzugehen.

Rosenöl:

Rosenöl wirkt heilend auf emotionale Verletzungen und Verschlossenheit, da es das Herz für die Energien von Liebe, Mitgefühl und Menschlichkeit öffnet. Es bietet Schutz und stärkt die Emotionen, während der angenehme Duft ein Gefühl von Geborgenheit und Sicherheit vermittelt. Außerdem wirkt Rosenöl in Krisenzeiten, bei emotionalen Schicksalsschlägen, bei Depressionen und Trauer und bei überwältigender Verzweiflung unterstützend, indem es Schock und Kummer beruhigt und dazu beiträgt, traumatische Gefühle zu lösen. Nach dem Verlust eines geliebten Menschen hilft Rosenöl darüber hinaus, das Herz und die Seele zu heilen und sinnbildlich die eigene Trauer zu umarmen.

Weihrauch:

Der würzige und holzige Duft des Weihrauchs zählt zu den kostbarsten ätherischen Ölen. Seine positive Wirkung auf die menschliche Psyche ist bemerkenswert: Er beruhigt, entspannt und mindert Stress und Angst. Außerdem erinnert das Harz der Bäume, aus dem Weihrauch gewonnen wird, an das Blut des Lebens, da es Wunden schützt, versiegelt und heilt. Auf ähnliche Weise kann auch Weihrauch dazu beitragen, die inneren Wunden in Ihnen zu heilen. Darüber hinaus unterstützt sein Duft dabei, überwältigende Gedanken zu bewältigen und zu verarbeiten.

Zedernöl:

Der holzige Duft des Zedernöls unterstützt Sie dabei, dunkle und emotionale Ereignisse zu ertragen. Die majestätischen Zedern haben schließlich bereits über die Jahre hinweg den Naturgewalten getrotzt und dabei sogar die stürmischsten Zeiten überstanden und danach wieder angefangen, zu blühen. Zedernöl spendet Ihnen Kraft und Zuversicht, um voranzuschreiten und dabei nicht in tiefer Verzweiflung zu versinken.

Zitronenöl:
Zitronenöl kann dazu beitragen, den Fokus wieder zurück auf das Wesentliche im Leben zu lenken. Gerade in dunklen Zeiten der Trauer kann es schnell passieren, dass Trauernde in ein tiefes Loch der Verzweiflung fallen. Dann kann Zitronenöl dabei helfen, das Gleichgewicht wiederherzustellen, die Stimmung aufzuhellen, Klarheit zu finden und wieder im Hier und Jetzt zu leben.

Zypresse:
In turbulenten Zeiten ist Zypresse ein zuverlässiger Begleiter, der sowohl auf körperlicher als auch auf spiritueller Ebene reinigend und kraftspendend wirkt. Sie hilft dabei, standhaft zu bleiben und selbst die schwersten Stürme des Lebens zu überstehen. Außerdem bringt sie tief gelagerten Schmerz an die Oberfläche und unterstützt Sie dann dabei, diesen endlich loszulassen.

Anwendungsmöglichkeiten

Badesalz:
Selbstgemachtes Badesalz mit ätherischen Ölen, Natron und Magnesium kann dabei helfen, Spannungen zu lösen und das emotionale Gleichgewicht wiederherzustellen. Das Natron unterstützt den Körper zudem dabei, Giftstoffe und Verunreinigungen zu neutralisieren, während das Magnesium eine beruhigende Wirkung hat.

Anleitung:

- Vermengen Sie 250 g Natron mit 250 g Magnesium und 5 bis 7 Tropfen ätherischen Öls Ihrer Wahl.
- Zusätzlich können Sie noch einen Esslöffel Jojobaöl zur Hautpflege hinzugeben.

Duftvernebler:

Duftvernebler, auch bekannt als Diffuser, sind dekorative Objekte für den Raum, die speziell für die Verwendung mit ätherischen Ölen entwickelt wurden. Durch ihre Verneblungstechnik verteilen sie die Düfte der ätherischen Öle angenehm im Raum. Da die Duftmoleküle bei dieser Technik nicht erhitzen, bleibt ihre Wirkung erhalten.

Anleitung:

- Geben Sie 5 bis 10 Tropfen ätherischen Öls direkt ins Wasser hinzu.

Raum- oder Körpersprays:

Raum- oder Körpersprays mit ätherischen Ölen lassen sich vielfältig verwenden und können nicht nur auf den Körper oder in den Raum, sondern auch auf Kleidung, Kopfkissen oder Bettdecken gesprüht werden.

Anleitung:

- Geben Sie 20 Tropfen eines Duftes Ihrer Wahl in eine leere 200-ml-Glasflasche.
- Füllen Sie den Rest mit abgekochtem Wasser auf und verschließen Sie die Flasche dann mit einem Sprühaufsatz.
- Vergessen Sie nicht, die Flasche vor jedem Gebrauch zu schütteln, damit sich der Inhalt gut miteinander vermischt.

Roll-on-Fläschchen:

Ätherische Öle lassen sich auch wunderbar in kleinen Roll-on-Fläschchen mit einem Trägeröl, wie zum Beispiel Jojobaöl, mischen.

Anleitung:

- Nehmen Sie ein Roll-on-Fläschchen zur Hand und vermengen Sie 10 ml des Trägeröls mit 5 bis 12 Tropfen eines ätherischen Öls Ihrer Wahl.
- Tragen Sie die Mischung anschließend auf beliebige Stellen Ihres Körpers auf.

Vollbad:

Auch ein Vollbad mit ätherischen Ölen ist eine wundervolle Möglichkeit zum Entspannen und Regenerieren.

Anleitung:

- Lassen Sie zunächst warmes Wasser in die Wanne laufen, achten Sie dabei aber darauf, dass das Badewasser nicht zu heiß ist und idealerweise eine Temperatur zwischen 36 und 39 Grad hat.
- Geben Sie das ätherische Öl Ihrer Wahl hinzu.
- Zusätzlich empfiehlt es sich, eine Trägerlösung, wie beispielsweise Milch oder Pflanzenöl, hinzuzugeben.

Kreative Ausdrucksformen

Die Trauer um einen geliebten Menschen ist oft von einer Fülle an Emotionen geprägt. In Momenten der Trauer ist es dann oftmals schwierig, die angemessenen Worte zu finden, um die Vielschichtigkeit der eigenen Gedanken und Gefühle zum Ausdruck bringen zu können. An dieser Stelle bieten kreative Ausdrucksformen eine Möglichkeit, Emotionen auf einer tieferen, nonverbalen Ebene wahrzunehmen und zu entfalten.

Auf der einen Seite können Trauernde zum Beispiel beim Schreiben ihre Gedanken, Gefühle und Erinnerungen an den Verstorbenen in Worte fassen und in einem Trauertagebuch niederschreiben oder in Form von Geschichten oder Gedichten zum Ausdruck bringen und dadurch die eigenen Emotionen reflektieren. Auf der anderen Seite bietet auch das Malen den Hinterbliebenen einen Raum, um ihre Gedanken und Empfindungen visualisieren zu können. Dabei ermöglichen vor allem die Farb- und Materialwahl, Pinselstriche und Formen die Übertragung der Emotionen auf das Blatt oder die Leinwand, sodass diese auch jenseits von Sprache verarbeitet werden können. Neben dem Schreiben und dem Malen ist auch das Musizieren oder das Singen eine wundervolle Möglichkeit, um die eigenen Gefühle auf klagvolle Weise auszudrücken. Trauernde können hierbei zum Beispiel verschiedene Lieder auswählen, eigene Musik komponieren oder ihre Emotionen in das Schreiben von Texten oder Melodien einfließen lassen. Genauso bietet auch das Tanzen einen kreativen Ausdrucksweg, um die Trauer und inneren Konflikte durch Bewegung loslassen zu können. Kreative Ausdrucksformen während des Trauerprozesses sind immer auch wunderbare Werkzeuge für Selbstreflexion, Selbstausdruck und Wachstum. Sie ermöglichen es den Hinterbliebenen, ihre Gedanken, Emotionen und Empfindungen auf vielfältige Arten auszudrücken und dadurch einen ganz persönlichen Weg der Transformation und der Heilung zu finden.

Anleitung zur Nutzung kreativer Ausdrucksformen:

- Wählen Sie zunächst eine kreative Ausdrucksform, mit der Sie Ihre Gedanken und Gefühle am besten zum Ausdruck bringen können. Das könnte zum Beispiel Malen, Singen, Tanzen, Basteln oder Backen sein.

- Schaffen Sie einen inspirierenden und ruhigen Raum, in dem Sie ungestört sind und sich wohl fühlen.

- Legen Sie sich das notwendige Material bereit.

- Seien Sie für all Ihre Emotionen offen und lassen Sie diese frei, authentisch und urteilsfrei in Ihre Ausdrucksform einfließen. Bei der Verarbeitung Ihrer Trauer geht es nicht darum, perfekt zu sein, sondern vielmehr darum, dass Sie sich selbst die Erlaubnis geben, Ihre Gedanken und Gefühle auszudrücken.

- Nach Ihrer kreativen Session sollten Sie sich ein wenig Zeit nehmen, um Ihren Brief, Ihr Gedicht oder Ihre Komposition zu betrachten oder um Ihre Gedanken zu reflektieren. Achten Sie darauf, welche Empfindungen in Ihnen aufsteigen und welche Erkenntnisse Sie durch Ihren kreativen Ausdruck erlangen konnten.

- Nutzen Sie Ihre kreativen Ausdrucksformen regelmäßig, um sich selbst zu reflektieren und Ihren Trauerprozess zu unterstützen. Je öfter Sie kreative Auszeiten nutzen, um sich auszudrücken, desto leichter wird es Ihnen fallen, mit Ihren Emotionen umzugehen, und desto mehr werden Sie auch über sich selbst lernen.

Selbstmitgefühl und Selbstfürsorge

Das Praktizieren von Selbstmitgefühl und Selbstfürsorge ist während des Trauerprozesses ein wertvolles Werkzeug, um sich selbst liebevoll durch die dunklen Zeiten des Verlustes zu führen. Da Trauer eine große Bandbreite an Emotionen und Herausforderungen mit sich bringen kann, ist es wichtig, dass sich Trauernde aktiv und bewusst um ihr eigenes Wohlbefinden kümmern. Dafür bieten sich zum Beispiel liebevolle und mitfühlende Rituale zur Selbstpflege an, bei denen sich die Hinterbliebenen Zeit für sich selbst nehmen.

Mitfühlende Rituale während des Trauerprozesses:

Entspannungsbäder:

Regelmäßige Entspannungsbäder sind eine wundervolle Möglichkeit, um Selbstpflege zu praktizieren. Sie haben eine entspannende, beruhigende und stimmungshebende Wirkung und können dabei helfen, Stress abzubauen, das Wohlbefinden langfristig zu fördern und Trost zu spenden.

Anleitung:

• Während Sie darauf warten, dass sich die Badewanne mit warmem Wasser füllt, gestalten Sie das Ambiente in Ihrem Badezimmer und schaffen so eine entspannende Atmosphäre. Dimmen Sie dafür zunächst das Licht, lassen Sie beruhigende Musik im Hintergrund laufen und zünden Sie einige Kerzen an. Wenn Sie möchten, können Sie sich gerne auch einen kuscheligen Bademantel bereitlegen, den Sie nach dem Baden anziehen können.

• Geben Sie einige Tropfen ätherischen Öls oder Ihr selbstgemachtes Badesalz (Kapitel „Sinneserfahrung mit ätherischen Ölen“) direkt in das einlaufende Badewasser und steigen Sie anschließend vorsichtig in die Wanne hinein, um es sich bequem zu machen und die Zeit bewusst zum Entspannen zu nutzen.

• Nutzen Sie die Zeit während des Badens, um Ihnen selbst etwas Gutes zu tun. So könnten Sie zum Beispiel eine Augenmaske auftragen, ein Buch lesen oder Achtsamkeitsübungen, wie eine Meditation („Entspannungsmeditation"), praktizieren.

Morgendliche Selbstfürsorge mit Atemübungen:

Audiodatei 3

Beginnen Sie Ihren Tag mit einer Runde Selbstfürsorge, indem Sie sich direkt morgens nach dem Aufstehen einen Moment lang Zeit nehmen, um in sich zu gehen und bewusst zu atmen, damit Sie mit einer positiven Grundlage behutsam in den Tag starten können.

Die Bauchatmung ist eine beruhigende Atemtechnik, die dabei hilft, die Ein- und Ausatmung bewusst zu steuern und zu vertiefen. Diese Methode kann dazu beitragen, Entspannung von Körper und Geist zu fördern, einen gleichmäßigen Herzrhythmus zu unterstützen, die unteren Lungenbereiche zu reinigen und Atemwegserkrankungen vorzubeugen.

Anleitung:

• Legen Sie sich in Rückenlage hin und strecken Sie Ihre Beine aus.

• Positionieren Sie Ihre Hände so auf Ihrem Bauch, dass sich Ihre beiden Mittelfinger oberhalb Ihres Bauchnabels berühren.

• Atmen Sie bewusst aus und beobachten Sie dabei, wie sich Ihr Bauch leicht nach innen zieht.

• Atmen Sie langsam wieder ein und zählen Sie dabei bis zwei. Achten Sie währenddessen darauf, wie sich Ihr Bauch bei der Einatmung anhebt und Ihre Finger dadurch auseinanderdriften.

• Halten Sie Ihren Atem nun für eine Sekunde lang an und lassen Sie Ihren Atem anschließend wieder entweichen. Beobachten Sie dabei erneut, wie sich Ihr Bauch absenkt und sich Ihre Finger dadurch wieder annähern.

Spaziergänge:

Spaziergänge in der Natur sind eine sehr einfache, aber gleichzeitig auch wirksame Methode zur Selbstpflege bei Trauer. Die Verbindung zur Natur wirkt entspannend, beruhigend und gesundheitsfördernd und unterstützt Sie dabei, neue Perspektiven zu gewinnen.

Anleitung:

• Suchen Sie sich einen Ort in der Natur aus, der Ihnen Entspannung und Ruhe bietet und an dem Sie sich wohlfühlen. Das kann zum Beispiel ein Wanderweg, ein Seeufer, der nahegelegene Park oder ein Waldgebiet sein.

• Nehmen Sie sich ausreichend Zeit, um die Natur beim Spazieren bewusst wahrzunehmen.

• Welche Geräusche können Sie hören? Welche Gerüche können Sie riechen? Wie fühlt sich der Wind auf Ihrer Haut an? Kitzeln die Sonnenstrahlen auf Ihrer Nase?

• Atmen Sie während des Spazierens immer wieder bewusst ein und aus und lassen Sie die frische Luft Ihre Lunge füllen.

• Konzentrieren Sie sich auf Ihre Sinne und Ihre Empfindungen und nehmen Sie Ihre Gedanken und Gefühle an, ohne diese zu verurteilen oder zu bewerten.

- Wenn Sie das Bedürfnis verspüren, eine Pause einlegen zu wollen, suchen Sie sich einen ruhigen Ort, an dem Sie einen Moment lang verweilen und einfach nur sein können.
- Beenden Sie den Spaziergang, indem Sie Ihre Empfindungen und Erfahrungen kurz reflektieren. Kehren Sie anschließend langsam wieder in Ihren normalen Alltag zurück.

EMOTIONALE REGULATION

Der Verlust eines geliebten Menschen kann eine Vielzahl intensiver Emotionen auslösen, sodass im Verlauf des Trauerprozesses verschiedenste Gefühle wie Wut, Traurigkeit, Einsamkeit und sogar Erleichterung auftreten können. Da diese Gefühle Teil eines normalen Heilungsprozesses sind, spielt die Fähigkeit zur emotionalen Regulation in der Trauerbewältigung eine zentrale Rolle. Sie umfasst die Fähigkeit, mit den eigenen Gefühlen umzugehen, sie zu verstehen, zu akzeptieren und ihnen Raum zu geben, um sie konstruktiv verarbeiten zu können.

Achtsamkeit und Meditation

In Zeiten der Trauer und des Verlustes besteht oftmals die Gefahr, von Gefühlen wie Schmerz und Verwirrung überwältigt zu werden. Achtsamkeit und Meditation können dann einen Weg bieten, um diesen Gefühlen zu begegnen und Raum für Klarheit und Ruhe zu schaffen.

Achtsamkeit bedeutet, körperlich und mental im gegenwärtigen Augenblick zu sein und das Leben so zu erleben, wie es sich von Moment zu Moment entfaltet. Durch Achtsamkeit lernen Trauernde also, ihre Aufmerksamkeit auf das Hier und Jetzt zu lenken und ihre Emotionen, Gedanken und Empfindungen bewertungs- und urteilsfrei wahrzunehmen. Dadurch können sie ihre eigenen Reaktionen besser verstehen und mehr Mitgefühl für sich selbst aufbringen. Im Gegensatz dazu können Hinterbliebene in der Meditation einen Zustand der Gelassenheit und inneren Ruhe erreichen und so Stress abbauen, den Geist beruhigen und Heilung erfahren.

Achtsamkeit und Meditation sind während des Trauerprozesses also wertvolle Instrumente, um einen Weg durch den Schmerz zu finden und eine tiefere Ebene der Selbstakzeptanz und des persönlichen Wachstums zu erreichen.

Übung 1 – Sinnesaktivierung:

Um auf körperlicher und geistiger Ebene im Hier und Jetzt zu sein und das Leben so zu erleben, wie es sich von Moment zu Moment entfaltet, ist es entscheidend, die eigenen Sinne zu schärfen und sie bewusst zu aktivieren. Aus diesem Grund zielt die Übung „Sinnesaktivierung" darauf ab, alle fünf Sinne (Sehen, Hören, Riechen, Fühlen, Schmecken) schrittweise zu aktivieren.

Anleitung:

• Sehen: Welche visuellen Eindrücke nehmen Sie wahr?

➢ Beobachten Sie Ihre Umgebung bewusst und nehmen Sie dabei jedes einzelne Detail wahr, das Ihnen normalerweise entgehen würde. Konzentrieren Sie sich auf jedes einzelne Element in Ihrer Umgebung und verinnerlichen Sie dieses.

• Hören: Welche Geräusche nehmen Sie wahr?

➢ Lauschen Sie den Geräuschen um Sie herum. Achten Sie darauf, ob diese Geräusche laut oder leise sind und ob Sie vertraute Geräusche hören können, die normalerweise unbemerkt bleiben. Versuchen Sie, auch den leisen Klängen, die oft überhört werden, Aufmerksamkeit zu schenken.

• Riechen: Welche Gerüche nehmen Sie wahr?

➢ Nehmen Sie bewusst die Gerüche in Ihrer Umgebung wahr. Identifizieren Sie die verschiedenen Gerüche und überlegen Sie, ob diese Ihnen vertraut oder ob sie neu sind.

• Fühlen: Welche taktile Wahrnehmung haben Sie?

➢ Spüren Sie bewusst die Berührungen auf Ihrer Haut – zum Beispiel die Ihrer Kleidung oder die eines Gegenstands. Achten Sie darauf, wie sich die Textilien bzw. Oberflächen anfühlen und ob sie rau oder glatt, schwer oder leicht sind.

• Schmecken: Welchen Geschmack nehmen Sie wahr?

➢ Beachten Sie den Geschmack in Ihrem Mund. Vielleicht haben Sie noch einen verbliebenen Geschmack von etwas im Mund, das Sie vorher gegessen haben.

Übung 2 – Die Achtsamkeitsmeditation:

Audiodatei 4

Diese Achtsamkeitsmeditation ist eine Meditationstechnik, bei der Sie Ihre Gedanken, Gefühle und Sinneswahrnehmungen bewusst wahrnehmen. Hierbei geht es nicht darum, diese Geistesinhalte zu bewerten oder sie gar kontrollieren zu wollen, sondern ihnen vielmehr achtsam und vorurteilsfrei zu begegnen. Die Achtsamkeitsmeditation trägt dabei einerseits dazu bei, das emotionale Gleichgewicht zu verbessern, Stress abzubauen, ein besseres Selbstverständnis zu entwickeln und kann helfen, die eigenen Gedanken und Gefühle besser zu akzeptieren. Andererseits stärkt sie die Konzentration, die Resilienz und die Aufmerksamkeit, beruhigt den Geist, fördert den Schlaf und wirkt sich positiv auf das Immunsystem aus.

Anleitung:

- Beginnen Sie die Achtsamkeitsmeditation in einer bequemen Sitzhaltung, bei der Sie entspannt und aufrecht sitzen können, ohne sich zu versteifen. Positionieren Sie Ihre Arme bequem parallel zu Ihrem Körper auf Ihren Beinen, ohne eine besondere Pose einzunehmen.
- Fixieren Sie Ihren Blick auf einen Punkt im Raum. Starren Sie diesen Punkt jedoch nicht an, sondern lassen Sie Ihren Blick ruhig auf diesem Punkt ruhen. Atmen Sie dreimal tief durch Ihre Nase ein und durch Ihren Mund wieder aus.
- Schließen Sie nun Ihre Augen und lenken Sie Ihre Aufmerksamkeit auf Ihren Atem. Lassen Sie Ihren Atem dabei natürlich fließen, ohne ihn zu forcieren oder zu ändern. Spüren Sie ganz bewusst, wie Ihr Atem durch Ihre Nase einströmt, sich in Ihrem Körper verteilt und diesen schließlich über Ihren Mund wieder verlässt. Achten Sie dabei auf die Bewegungen Ihres Brustkorbs und Ihres Bauches.
- Sollten Ihre Gedanken abschweifen, lenken Sie Ihre Aufmerksamkeit immer wieder sanft zurück auf Ihre Atmung, die bei dieser Übung als Anker für das Hier und Jetzt fungiert, da sie stets präsent ist. Lassen Sie Ihre Gedanken kommen und gehen, ohne sie zu bewerten, und kehren Sie zum Atem zurück. Versuchen Sie, Ihre Gedanken zu beobachten, ohne sich dabei in sie zu vertiefen. Bewahren Sie Ruhe, atmen Sie entspannt weiter und beobachten Sie einfach nur aufmerksam. Obwohl es einfach klingt, liegt die Herausforderung genau darin.
- Öffnen Sie nun sanft Ihre Augen und verweilen Sie noch einen Moment lang in dieser Position. Nehmen Sie die Geräusche um Sie herum wahr und spüren Sie, welche Emotionen und Gedanken in Ihnen auftauchen und wie sich Ihr Körper anfühlt.

Journaling

Wenn das Trauern eine Herausforderung für Sie ist – unabhängig davon, ob der geliebte Mensch vor einigen Tagen, Wochen oder sogar Jahren verstorben ist –, kann ein hier schon oftmals angesprochenes Trauertagebuch eine wertvolle Unterstützung bieten, um mit Ihrem Verlust umzugehen. Das Schreiben und das Festhalten der eigenen Gedanken und Emotionen können eine heilende Kraft haben. Denn Tagebücher stellen keine unangenehmen Fragen, urteilen nicht über Ihre Gefühle und drängen Sie auch nicht dazu, über Ihren Verlust hinwegzukommen. Tagebücher sind einfach da, still und für Sie allein, ohne dass Sie es mit einer anderen Person teilen müssen.

Alles, was Sie für ein Trauertagebuch benötigen, sind ein Notizbuch Ihrer Wahl und ein gutschreibender Stift. Als Alternative zu einem Tagebuch können Sie Ihre Gedanken und Gefühle natürlich auch in einem Blog oder in einer anderen Form virtuell festhalten.

Wie beim traditionellen Tagebuchschreiben gibt es auch beim Führen eines Trauerjournals keinen festgelegten Weg. Sie können täglich, gelegentlich oder in unregelmäßigen Abständen Einträge verfassen. Es ist auch vollkommen in Ordnung, mehrere Seiten auf einmal oder nur einen Satz pro Eintrag zu machen. Wichtig ist, dass Sie sich beim Schreiben wohlfühlen.

Nutzen Sie Ihr Trauerjournal, um über Ihre Gefühle zu schreiben. Reflektieren Sie die Lücken und Leerstellen, die der Verlust des geliebten Menschen in Ihrem oder dem Leben anderer hinterlassen hat. Verbinden Sie sich schreibend mit der Person, die Sie verloren haben – zum Beispiel, indem Sie in gemeinsamen Erinnerungen schwelgen, direkte Worte an den Verstorbenen richten oder ihm sogar das gesamte Tagebuch widmen.

Halten Sie in Ihrem Trauerjournal all das fest, was Sie mit dem Menschen, den Sie verloren haben, verbinden. Das könnten unter anderem die Sorge sein, dass Sie Erinnerungen vergessen könnten, und die Momente, die Sie zur Verzweiflung gebracht haben. Schreiben Sie darüber, welche Worte die verstorbene Person zu Ihnen gesprochen hat, wie ihr Lachen geklungen hat und wie viele Sommersprossen Sie auf seiner Nase zählen konnten. Welche Filme haben Sie zusammen geschaut und welche Abenteuer haben Sie gemeinsam erlebt? Was wollen Sie noch unbedingt zusammen erleben?

Teilen Sie in Ihrem Tagebuch sowohl die schönen als auch die schwierigen Erinnerungen und bringen Sie sowohl Ihre Traurigkeit als auch Ihre Wut zum Ausdruck. Kleben Sie Fotos ein, malen, kritzeln und skizzieren Sie. Verschütten Sie Ihren Lieblingskaffee, den Sie immer gemeinsam mit dem verstorbenen Menschen getrunken haben, und kleben Sie das Papier seiner Lieblingssüßigkeit ein. Wenn Sie beim Schreiben von Ihren Gefühlen überflutet werden und Sie weinen müssen, dann wehren Sie sich nicht dagegen und lassen Sie Ihre Tränen einfach zu – auch dafür ist Platz in Ihrem Tagebuch.

Es geht nicht darum, ein perfektes Buch mit grammatikalisch korrekten Ausdrücken anzufertigen, sondern darum, einen Ort für Ihre Trauer zu finden, an dem Sie Ihre Gefühle ausdrücken, Raum für Ihre Trauer schaffen und etwas anfertigen können, das echt ist.

Körperliche Aktivität

Häufig erleben Hinterbliebene im Trauerprozess oder nach dem Verlust eines geliebten Menschen Gefühle der Hilflosigkeit und der Ohnmacht, da sie sich dem Abschied ausgeliefert fühlen. Sportliche Aktivitäten können dann dabei helfen, Stress zu reduzieren, emotionale Spannungen abzubauen, die Stimmung aufzuhellen und wieder zurück ins Leben zu finden. Auf der einen Seite lenkt Sport selbst von den Gefühlen der Hilflosigkeit und Ohnmacht ab und auf der anderen Seite ermöglicht er auch eine neue Wahrnehmung des eigenen Körpers. Dadurch empfindet die trauernde Person verstärkt das Gefühl, die Kontrolle zurückzugewinnen und handeln zu können. Außerdem hat Sport natürlich auch eine soziale Komponente und kann dazu beitragen, mit anderen Menschen, die vielleicht einen ähnlichen Verlust erlitten haben, in Kontakt zu treten.

Grundsätzlich gibt es viele verschiedene Bewegungsformen, die Sie während Ihres Trauerprozesses unterstützen können. Die Suche nach der richtigen Bewegungsform während des Trauerns kann dabei eine individuelle Reise sein, bei der Sie überlegen sollten, welche Art der körperlichen Aktivität Ihnen Freude bereitet und welche emotionalen Bedürfnisse Sie durch diese Bewegungsform erfüllen möchten. Probieren Sie gerne auch verschiedene Bewegungsformen aus, um so herauszufinden, welche am besten zu Ihnen und Ihren Bedürfnissen passt. Einige gute Bewegungsformen, die Sie bei Ihrem Trauerprozess unterstützen können, sind zum Beispiel die folgenden:

- **Yoga:** Yoga ist eine uralte philosophische und ganzheitliche Praxis, die Körper, Geist und Seele miteinander verbindet. Durch die Ausführung verschiedener Yoga-Haltungen (Asanas), Atemübungen (Pranayamas) und anderer Entspannungstechniken (zum Beispiel Meditationen) unterstützt das Yoga den Trauernden dabei, seine Emotionen zu verarbeiten, Spannungen abzubauen und innere Ruhe zu finden.

- **Spazieren:** Spaziergänge in der Natur können sehr entspannend und beruhigend sein und einen Raum für Reflexion, Selbstpflege sowie für eine friedliche Atmosphäre schaffen. Außerdem helfen sie dabei, den Geist zu klären, die Gesundheit zu fördern und Veränderungen besser anzunehmen.

- **Tanzen:** Tanzen ist eine kreative und expressive Möglichkeit, seinen Körper zu bewegen, den Geist zu befreien, positive Energien auszusenden und seine Gefühle auf nonverbale Weise zum Ausdruck zu bringen, was eine befreiende und zugleich therapeutische Erfahrung sein kann.

- **Schwimmen:** Ruhiges Wasser hat eine beruhigende Wirkung und kann Trauernde dabei unterstützen, Stresshormone abzubauen, den Geist zu beruhigen, den Körper zu entspannen und Muskelverspannungen zu lösen. Zur selben Zeit kann das Schwimmen dabei helfen, die Gedanken an den Verlust für eine Weile zu vergessen, und ein Gefühl von Freiheit und Leichtigkeit vermitteln.

- **Wandern:** Das Wandern ist eine Form der Selbstfürsorge, die das Naturerlebnis mit der körperlichen Aktivität und Reflexion vereint. In einer beruhigenden und ruhigen Umgebung spendet der Anblick der wunderschönen Natur Trost und hilft dem Trauernden, seinem Alltag zu entfliehen und einen Weg der Heilung zu finden.

SOZIALE UNTERSTÜTZUNG

In schwierigen Zeiten der Trauer kann soziale Unterstützung eine wertvolle Ressource sein und einen wesentlichen Beitrag zum Umgang mit dem eigenen Verlust und der Trauer leisten. Ein starkes soziales Supportsystem kann Beruhigung und Komfort bringen und Trauernde dabei unterstützen, ihre ambivalenten Gefühle und die Herausforderungen, die mit dem Verlust einhergehen, besser zu steuern.

Da jeder Mensch anders mit Verlusten umgeht und auf seine eigene Art und Weise trauert, kann auch das, was ihm in schweren Zeiten helfen mag, sehr individuell sein. Soziale Unterstützung kann in vielfältigen Formen auftreten und obwohl nicht jede davon für jeden Trauernden geeignet sein mag, sind Mitgefühl und Unterstützung aus dem eigenen sozialen Umfeld für jeden Hinterbliebenen trotzdem von unschätzbarem Wert.

Auf der einen Seite bietet emotionale Unterstützung von einer vertrauensvollen Person, mit der Hinterbliebene reden und mit der sie ihre Gedanken teilen können, den Trauernden einen geschützten Raum, um ihre Gefühle zum Ausdruck zu bringen – sei es nun Verwirrung, Wut oder Traurigkeit. Einfach nur da zu sein und zuzuhören, ohne dabei Ratschläge zu erteilen oder zu urteilen, ist eine der wichtigsten Formen der sozialen Unterstützung, die Trauernden eine enorme Erleichterung bieten und die Last ihrer Trauer erleichtern kann.

Denken Sie über die Menschen in Ihrem Leben nach, die für Sie da sind, Sie unterstützen möchten und Ihnen zuhören, ohne dabei über Ihre Gedanken und Gefühle zu urteilen. Meistens sind das Familienangehörige oder Freunde. Emotionale Unterstützung können Sie jedoch auch bei einem Therapeuten finden, der Sie in schwierigen Zeiten begleitet und Sie unterstützt. Seien Sie offen und sprechen Sie ehrlich darüber, wie Sie sich fühlen und was Sie brauchen. Schämen Sie sich nicht dafür, Ihre Gefühle zu teilen und um Hilfe zu fragen. Trauen Sie sich, Ihren Unterstützern konkrete Anweisungen zu geben und ihnen mitzuteilen, wie sie Sie unterstützen können.

Auf der anderen Seite ist auch die praktische Unterstützung eine ebenso wertvolle Ressource wie die emotionale Unterstützung. Bei der praktischen Unterstützung wird den Trauernden bei alltäglichen Aufgaben geholfen und sie werden etwa beim Kochen, Reinigen oder bei der Erledigung von Besorgungen unterstützt. In Zeiten der Trauer können nämlich selbst die einfachsten Aufgaben überwältigend erscheinen. Familienmitglieder, Freunde oder externe Helfer können dann praktische Hilfe leisten, indem sie solche Aufgaben übernehmen und damit unmittelbar dazu beitragen, dass zumindest ein kleiner Teil der mit der Trauer verbundenen Belastung gelindert wird.

Darüber hinaus können Hinterbliebene auch in Büchern, Artikeln, Online-Foren, Chatrooms, sozialen Medien und in Trauergruppen (Tipps finden Sie im Kapitel „Ressourcen nutzen und Unterstützung finden“) Unterstützung erfahren, in denen sie Informationen über ihre Trauer und verschiedene Bewältigungsstrategien einholen oder sich mit Gleichgesinnten über ihre Erfahrungen und Erlebnisse austauschen können. Der Zugang zu dieser Form der Unterstützung kann Trauernden nicht nur dabei helfen, sich gestärkter und informierter zu fühlen, sondern kann ihnen auch zeigen, dass sie mit ihrer Trauer nicht alleine sind und andere Menschen ähnliche Herausforderungen zu meistern haben.

Natürlich kann auch die professionelle Unterstützung durch einen Trauerbegleiter, Berater oder einen Therapeuten eine wertvolle Ressource sein, die Hinterbliebene während ihres Trauerprozesses nutzen können. Insbesondere dann, wenn Sie das Gefühl haben, allein nicht weiterzukommen, sollten Sie keinesfalls zögern, professionelle Hilfe in Anspruch zu nehmen. Trauerbegleiter, Berater und Therapeuten bieten einen geschützten Raum, in dem Sie offen über Ihren Verlust, Ihre Gedanken, Gefühle und Empfindungen sprechen können und andererseits verschiedene Herangehensweisen, Techniken, Bewältigungsstrategien und Tipps zum Umgang mit Ihrem Verlust erlernen können. Wenn Sie professionelle Hilfe in Anspruch nehmen möchten, informieren Sie sich dafür am besten über lokale therapeutische Angebote und suchen Sie nach einem Therapeuten, der sich auf Trauer und Trauerbewältigung spezialisiert hat.

Für manche Menschen kann auch die spirituelle Unterstützung ein wertvoller Bestandteil ihrer Trauerbewältigung sein. Die spirituelle Unterstützung beinhaltet die Verbindung mit der Spiritualität oder dem Glauben, in der Trauernde Bedeutung und Trost finden können. Die Teilnahme an religiösen Diensten oder an Gebetsgruppen sowie Gespräche mit spirituellen Führern können Hinterbliebenen in schwierigen Zeiten ein Gefühl des Komforts vermitteln und ihnen Hoffnung spenden.

UMGANG MIT TRAUMATISCHEN VERLUSTEN

Oft wird gesagt, dass nur eine ausgeglichene Seele das Gefühl des Wohlbefindens garantieren kann. Doch das Leben ist voller emotionaler Ereignisse und leider können unvorhersehbare Ereignisse im Leben das seelische Gleichgewicht stören und sich negativ auf unser Wohlbefinden auswirken. Dabei können besonders schwere Erfahrungen regelrechte Traumata auslösen, die Betroffene in ein tiefes emotionales Loch stürzen lassen, aus dem nur schwer zu entkommen ist. In solchen Momenten rückt die Traumabewältigung in den Vordergrund, um Menschen mit traumatischen Erlebnissen zu unterstützen.

> Ein Trauma ist eine seelische Wunde oder Verletzung, die durch unterschiedliche Erfahrungen wie Krankheiten, schwere Unfälle, Naturkatastrophen oder durch erhebliche psychische, physische oder sexualisierte Gewalt sowie durch schwere Vernachlässigungs- und Verlusterlebnisse ausgelöst werden kann.

Durchleben oder erleben Menschen Ereignisse, die existenzielle Bedrohungen auslösen können und bei denen keine Möglichkeit zur Flucht, Gegenwehr oder Hilfe besteht, schaltet der Körper automatisch in einen Notfallmodus, um das Überleben zu sichern. In solchen Momenten können die üblichen Prozesse der Erfahrungsverarbeitung, aufgrund des extremen Stresses, nicht mehr funktionieren und es kann zu einer tiefen seelischen Erschütterung und einer dauerhaften Erhöhung der Stressreaktion kommen. Außerdem können Traumata auch durch Verluste ausgelöst werden, wie zum Beispiel durch Tod, Trennung oder Scheidung. Diese Verluste können für Betroffene eine existenzielle Bedrohung darstellen und zu Überwältigung, Hilflosigkeit oder Traumatisierung führen.

Eine Traumatisierung kann dabei durch zahlreiche Faktoren verstärkt werden, zu denen etwa frühere traumatische Erfahrungen, das Ausmaß der erlittenen Gewalt, psychische Vorerkrankungen und der Verlust eines geliebten Menschen gehören. Ein Leben in dauerhafter Unsicherheit, Gefühle von Scham und Schuld sowie wiederholte Übergriffe der Demütigungen können die Wirkung von traumatischen Erlebnissen weiter verstärken. Darüber hinaus spielt auch das soziale Umfeld eine tragende Rolle, wobei die Traumatisierung durch mitfühlende, beschämende oder anklagende Reaktionen noch weiter verstärkt werden kann.

Die Symptome eines Traumas sind Überbleibsel der unverarbeiteten traumatischen Ereignisse. Ungelöste Erinnerungen drängen sich sukzessiv und aufdringlich ins Bewusstsein und lösen bei Betroffenen emotionale Reaktionen oder Albträume aus. Dabei manifestiert sich ein psychisches Trauma auf vielfältige Weisen: Auf der einen Seite kann es durch körperliche Wachsamkeit (Hyperarousal) zum Ausdruck kommen, die sich in Schlafstörungen, erhöhter Schreckhaftigkeit und Problemen mit der Konzentration äußern kann. Auf der anderen Seite können Betroffene schmerzhafte Erinnerungen (Intrusionen) erleben, die sich etwa in Form von obsessivem Nachdenken oder Albträumen bemerkbar machen. Zudem werden Menschen, Gedanken, Aktivitäten und Situationen vermieden, die an die traumatischen Ereignisse erinnern. Darüber hinaus können sich betroffene traumatisierte Personen auch immer mehr zurückziehen, eine Abwesenheit der eigenen Gefühle empfinden oder keinerlei Perspektive für die Zukunft sehen.

Für die Traumabewältigung ist die Dauer der Trauma-Symptome ein wichtiger Faktor. Bleiben die Symptome über einen längeren Zeitraum hinweg bestehen, kann dies ein Anzeichen für eine posttraumatische Belastungsstörung (PTBS) sein. In diesem Fall ist der Betroffene nicht mehr in der Lage, das Trauma eigenständig zu verarbeiten und zu überwinden. Aus diesem Grund ist es entscheidend, dem

Betroffenen unmittelbar nach einem traumatischen Erlebnis Aufmerksamkeit und Unterstützung zukommen zu lassen. Einige häufige Trauma-Symptome können sein:

- starke emotionale Schwankungen,
- extreme Angst und Schreckhaftigkeit,
- enorme Betrübtheit, Anspannung und Rückzug,
- Gefühle der Verzweiflung und Hilflosigkeit,
- emotionale Überreaktionen und Aggressionen,
- negative Selbstwahrnehmung und negatives Weltbild,
- massiver körperlicher Stress und
- auffällige Teilnahmslosigkeit.

Um ein Trauma überwinden zu können, ist es im ersten Schritt zunächst einmal wichtig, das Trauma auch zu verarbeiten. Da Menschen mit einer PTBS unfähig sind, ihr Trauma eigenständig zu bewältigen, benötigen sie nicht nur jede Menge Selbstfürsorge, sondern unbedingt auch professionelle Hilfe. Der Ruf nach Hilfe sollte dabei niemals als Schwäche empfunden werden, sondern vielmehr als ein wichtiger und elementarer Schritt auf dem Weg zur Heilung. Traumabewältigung ist essentiell, um zu verhindern, dass die PTBS zu einem dauerhaften Zustand wird. Sowohl der Betroffene selbst als auch seine Angehörigen sollten sich darüber bewusstwerden, dass die Auseinandersetzung mit dem Trauma unausweichlich ist und dass Betroffene erst dann inneren Frieden finden und ihr Wohlbefinden wiederherstellen können, wenn sie ihr Trauma verarbeitet und überwunden haben.

In der Therapie zur Traumakonfrontation werden verschiedene Methoden eingesetzt, in deren Zentren in der Regel das erneute Durchleben des Traumas steht, damit die erschütternden Ereignisse verarbeitet werden können. Drei weit verbreitete und wirksame Methoden zur Traumabewältigung sind dabei die EMDR, die TV-KFT und das Somatic Experiencing.

Eye Movement Desensitization and Reprocessing (EMDR)

Ein weit verbreitetes Verfahren zur Traumabewältigung ist das Eye Movement Desensitization and Reprocessing (EMDR), das übersetzt Augenbewegungs-Desensibilisierung und Wiederverarbeitung bedeutet. Bei der EMDR wird die betroffene Person dazu angeregt, sich auf bestimmte Teile der nur unzureichend verarbeiteten Erinnerung an die traumatische Situation zu konzentrieren und gleichzeitig den Fingerbewegungen des Therapeuten mit den Augen zu folgen.

Die schnellen Augenbewegungen tragen dazu bei, einen Informationsverarbeitungsprozess im Gehirn anzuregen, der bei vielen Betroffenen zu einer spürbaren Erleichterung führt, die eigenen Selbstheilungskräfte aktiviert und hilft, die belastenden Ereignisse zu verarbeiten. Die durch den Therapeuten geleiteten Augenbewegungen des Patienten sind dabei mit den Augenbewegungen der REM-Schlafphase vergleichbar. In dieser Schlafphase werden tatsächlich erlebte Ereignisse, oftmals durch intensives Träumen, verarbeitet. Die künstlich erzeugten Augenbewegungen in der Traumatherapie sollen dem Betroffenen dabei helfen, auf seine Erinnerungen zurückzugreifen und diese zu verarbeiten.

Eine EMDR-Sitzung gleicht einer Zugreise: Der Betroffene fährt noch einmal am Geschehen vorbei, dieses Mal jedoch aus sicherer Entfernung und in Begleitung seines Therapeuten. Seine belastende Erinnerung beginnt dann, im Laufe der Sitzung allmählich zu verblassen, und die Traumasymptome lösen sich sukzessiv auf. Dabei lernt der Betroffene, mit den alten traumatischen Gedanken und Erinnerungen umgehen zu können und eine neue und angemessenere Sichtweise auf die Geschehnisse zu entwickeln.

Traumafokussierte kognitive Verhaltenstherapie (TF-KVT)

Die Traumafokussierte kognitive Verhaltenstherapie, kurz TF-KVT, ist eine bewährte Methode zur Behandlung von Traumafolgestörungen, insbesondere bei Kindern und Jugendlichen. Die TF-KVT integriert Elemente der kognitiven Verhaltenstherapie mit Techniken aus der Traumatherapie. Sie setzt sich aus mehreren zentralen Behandlungskomponenten zusammen, die flexibel und an die individuellen Bedürfnisse jedes Kindes und jeder Familie angepasst werden können. Diese Flexibilität ermöglicht es, die Therapie auf die einzigartigen Herausforderungen und Stärken jedes Einzelnen zuzuschneiden.

Die TF-KVT ist eine Kurzzeittherapie, die oftmals schon in 12 Sitzungen positive Ergebnisse erzielen kann. Je nach Bedürfnissen des Kindes und der Familie kann die Behandlung jedoch auch über einen längeren Zeitraum fortgesetzt werden. Die Therapie umfasst dabei Einzelsitzungen für das Kind und die Eltern bzw. die Bezugspersonen sowie gemeinsame Sitzungen zwischen dem Kind und seinen Bezugspersonen. In der Therapie werden dem Kind und seiner Bezugsperson verschiedene Behandlungselemente angeboten. Auf der einen Seite werden dabei Informationen zu den Auswirkungen von traumatischen Erfahrungen und den üblichen Reaktionen von Kindern vermittelt. Ziel ist es, dem Kind und seiner Bezugsperson ein Verständnis für die traumatischen Ereignisse zu vermitteln und ihnen dabei zu helfen, die Reaktionen des Kindes besser zu verstehen und angemessen darauf zu reagieren. Auf der anderen Seite werden das Kind und seine Bezugsperson dabei unterstützt, unterschiedliche Gefühle zu erkennen und damit umzugehen. Dabei werden individuelle Strategien zur Reduktion von Anspannung und zur Bewältigung von Stress entwickelt, um sowohl dem Kind als auch seiner Bezugsperson zu helfen, mit belastenden Emotionen umzugehen.

Außerdem soll das Erkennen der Zusammenhänge zwischen Gedanken, Gefühlen und Verhaltensweisen geschult werden, sodass negative Denkmuster und Verhaltensweisen besser erkannt und gezielt verändert werden. Während der Therapie werden die Kinder dazu ermutigt, ihre traumatischen Erfahrungen auf eine für sie passende Weise mitzuteilen – sei es im Gespräch, durch das Schreiben eines Narrativs oder auf andere angemessenere Art und Weise. Des Weiteren werden auch unrealistische, nichtzutreffende oder nicht hilfreiche Gedanken bezüglich des Traumas modifiziert, um das psychische Wohlbefinden des Kindes zu verbessern. Nicht zuletzt zielt die Therapie darauf ab, die Erziehungskompetenzen der Bezugsperson zu stärken, um Verhaltens- und emotionale Probleme des Kindes zu reduzieren und eine unterstützende Umgebung zu schaffen.

Somatic Experiencing (SE)

Somatic Experiencing, kurz SE, ist eine Traumatherapiemethode, in deren Zentrum die Betrachtung der körperlichen Reaktionen und Empfindungen steht, die mit traumatischen Erlebnissen verbunden sind. Das Hauptziel der Somatic Experiencing besteht darin, die natürlichen Selbstregulierungsmechanismen des Körpers zu stärken und dadurch die im Körper gespeicherten Spannungen und Energien, die durch traumatische Ereignisse entstanden sind, zu regulieren und zu entladen. Dies erfolgt in der Regel durch Atemtechniken, sanfte Bewegungen und die gezielte Lenkung der Aufmerksamkeit auf körperliche Empfindungen.

Im Kontrast zu anderen Therapieansätzen, die sich vorrangig auf die kognitive Traumaverarbeitung konzentrieren, legt die Somatic Experiencing den Fokus auf die Auswirkungen von Traumata auf das Nervensystem und den Körper. Die SE basiert dabei auf der Annahme, dass der Körper über Mechanismen verfügt, um traumatische Erfahrungen zu bewältigen, und dass diese Mechanismen durch gezielte Interventionen aktiviert werden können.

Akzeptanz des Verlustes

DEN VERLUST ANERKENNEN

Verluste sind essentielle und unvermeidliche Bestandteile des Lebens, die früher oder später jeden von uns betreffen. Die Trauer, die mit dem Verlust einhergeht, ist dabei nicht nur eine natürliche und normale Reaktion auf diesen Verlust, sondern auch ein integraler Bestandteil der menschlichen Erfahrung. Trauer durchläuft verschiedene Phasen, die einzigartig und individuell zugleich sind, und es gibt keine festen Regeln oder Zeitvorgaben dafür, wie lange es dauern sollte, um einen Verlust vollständig anzuerkennen. Jeder Hinterbliebene durchläuft diesen Prozess in seinem ganz eigenen Tempo und durchlebt ihn auf seine eigene Art und Weise. Zeit, Geduld mit sich selbst und Raum für den Trauerprozess sind dabei wichtige Schlüsselelemente, um die Anerkennung des Verlustes als Meilenstein auf dem Weg zur Heilung voranzutreiben.

Brief an den Verstorbenen

Trauer kommt in Schüben – Schübe von Ohnmacht und Taubheit, Schübe voller Traurigkeit und Schmerz, der Trauernde buchstäblich überrollt und sich anfühlt, als würde man keine Luft mehr bekommen. Nicht immer wissen Hinterbliebene mit dem Schmerz umzugehen und mit dem Verlust zurechtzukommen. Häufig fällt es ihnen schwer, zurück ins Leben zu finden und weiterzumachen.

Briefe an den Verstorbenen können eine wundervolle Technik sein, um die eigenen Gedanken und Gefühle zu ordnen, sich diese von der Seele zu schreiben und letztendlich auch Abschied von der verstorbenen Person zu nehmen. Die eigenen Worte direkt an den Menschen zu richten, der verstorben ist, kann sehr heilend sein, weil es bedeutet, in Kontakt zu treten – mit sich selbst, mit der eigenen Trauer und mit der Person, die verstorben ist. Ob der Verlust dabei noch ganz frisch ist oder ob seitdem schon einige Zeit vergangen ist, ist zweitrangig, denn Abschiedsbriefe haben kein Ablaufdatum.

Bevor Sie mit dem Schreiben beginnen:

Stellen Sie sicher, dass Sie genügend freie Zeit zur Verfügung haben. Das Schreiben eines Briefes kann nämlich nicht nur Zeit in Anspruch nehmen, sondern auch emotionale Reaktionen in Ihnen hervorrufen. Es ist vollkommen natürlich und normal, dass Sie während des Schreibens mit schwierigen Gefühlen konfrontiert werden und dabei Tränen fließen können. Daher ist es wichtig, dass Sie genügend Zeit und Raum haben, um sich mit Ihren Emotionen auseinanderzusetzen. Wählen Sie also einen ruhigen Ort, an dem Sie sich wohlfühlen und der Ihnen ausreichend Privatsphäre bietet.

Lassen Sie Ihre Gefühle zu und nehmen Sie diese so an, wie sie kommen. Möglicherweise ruft das Schreiben in Ihnen aber auch positive Emotionen hervor und bringt Sie vielleicht sogar zum Lachen. Gehen Sie in jedem Fall behutsam vor und brechen Sie das Schreiben, wenn Sie bemerken, dass es Ihnen gerade nicht guttut, ab. Das Schreiben eines Briefes an eine verstorbene Person soll Ihnen helfen und Sie nicht noch zusätzlich belasten.

Wenn Sie möchten, können Sie eine Aktivität im Anschluss einplanen. Nehmen Sie sich Zeit für sich selbst und verwöhnen Sie sich zum Beispiel mit einem entspannenden Bad, einem guten Film oder etwas Schokolade. Denken Sie über einige Aktivitäten nach, die Sie tun können – insbesondere für den Fall, dass Ihre Gefühle überwältigend waren.

Das Schreiben:

Zum Schreiben benötigen Sie nicht mehr als einen gut schreibenden Stift und einige leere Blätter oder Ihr Trauertagebuch. Wenn Sie Ihren Brief aufbewahren und diesen zu einem späteren Zeitpunkt noch einmal lesen möchten, können Sie das Datum in einer Ecke notieren und so Ihre Worte später besser einordnen.

Was Sie der verstorbenen Person schreiben können:

- Schreiben Sie alles auf, was Ihnen durch den Kopf geht.
- Teilen Sie Ihre Gedanken und Gefühle mit.
- Erinnern Sie sich an vergangene Erlebnisse und gemeinsame Momente.
- Berichten Sie über Ihre Erlebnisse des Tages, über Ihren Alltag oder einfach über Belanglosigkeiten.
- Reflektieren Sie darüber, wie sich das Leben ohne den Verstorbenen an Ihrer Seite anfühlt.
- Lassen Sie all Ihre Emotionen auf das Papier fließen – nicht nur die angenehmen.
- Verarbeiten Sie alles, was unausgesprochen und unklar geblieben ist, all ihre Fragen, Gedanken und Überlegungen.
- Schreiben Sie so lange und so viel, wie Sie möchten. Ihre Worte müssen nicht perfekt, schön formuliert oder gut lesbar sein.

Was Sie mit Ihrem Brief tun können:

- Variante 1: Bewahren Sie den Brief nach dem Schreiben auf (z. B. in einer Kiste, die mit Erinnerungen an den Verstorbenen gefüllt ist) und lesen Sie diesen zu einem späteren Zeitpunkt noch einmal, um Ihre Gedanken somit bewusst loszulassen.
- Variante 2: Zerreißen oder verbrennen Sie den Brief im Zuge eines Rituals, werfen Sie ihn weg oder legen Sie diesen mit ins Grab.
- Variante 3: Lassen Sie den Brief mit einem Luftballon in den Himmel aufsteigen, um dem Verstorbenen Ihre Gedanken und Gefühle zu schicken.

Das Loslassen praktizieren

Nach dem Verlust eines geliebten Menschen kann das Loslassen eine herausfordernde Aufgabe sein, es ist zugleich aber ein wichtiger Schritt auf dem Weg zur Trauerbewältigung. Für Hinterbliebene kann es schwierig sein, sich von dem geliebten Menschen, den Erinnerungen, die sie gemeinsam gesammelt haben, oder den Gegenständen, die ihm gehört haben, zu trennen. Allerdings ist das Loslassen ein entscheidender Schritt im Trauerprozess, um Frieden finden und sich auf den eigenen Heilungsprozess konzentrieren zu können.

Anleitung:

- Der erste Schritt des Loslassens ist immer mit der Anerkennung und der Akzeptanz der eigenen Gefühle verbunden. Erlauben Sie sich selbst, verletzt zu sein, Trauer zu fühlen und Ihre unterschiedlichen Emotionen, die mit dem Verlust verknüpft sind, zuzulassen.
- Überlegen Sie sich dann, welche Aspekte des Verlustes Sie gehen lassen möchten. So könnten Sie zum Beispiel Erinnerungen gemeinsamer Momente, schmerzhafte Emotionen, die Sie mit Ihrer gemeinsamen Zeit verbinden, mit dem Verlust verbundene Denkmuster oder materielle Gegenstände des Verstorbenen loslassen. Denken Sie über die Bedeutung dieser Gegenstände nach und überlegen Sie, warum diese eine so starke emotionale Bindung auslösen.
- Nehmen Sie sich Zeit, über die Erinnerungen oder die Bedeutung der Gegenstände, die Sie gehen lassen möchten, nachzudenken. Fragen Sie sich, ob die Erinnerungen oder Gegenstände dazu beitragen, die verlorene Person in Ihrer Erinnerung zu bewahren, oder ob diese Sie eher daran hindern, in Ihrem Trauerprozess voranzukommen. Sollten sie Sie eher daran hindern, kann es hilfreich sein, Bewältigungsstrategien zu entwickeln, um diese loslassen zu können. So könnten Sie diese zum Beispiel zu einem neuen Zweck nutzen oder an andere weitergeben, um ihnen Freude zu bereiten.

- Verabschieden Sie sich von dem Gedanken, alles auf einmal loslassen zu wollen, und beginnen Sie stattdessen damit, behutsam und in kleinen Schritten vorwärtszugehen. Kombinieren Sie das Loslassen mit rituellen Handlungen, die Ihnen helfen können, einen symbolischen Abschluss zu finden – wie zum Beispiel das Pflanzen eines neuen Baumes, das Verbrennen von Abschiedsbriefen oder das Anhören von bestimmten Liedern.
- Wenn Sie Schwierigkeiten mit dem Loslassen haben, suchen Sie bei Familienangehörigen, Freunden, einem Therapeuten oder in einer Selbsthilfegruppe nach Unterstützung, um über Ihre Gedanken und Gefühle zu sprechen, sich nicht alleine zu fühlen und sich mit anderen, die ähnliche Erfahrungen gemacht haben, austauschen zu können.
- Geben Sie sich Zeit und seien Sie geduldig mit sich selbst. Es braucht Zeit, sich von einem Verlust zu erholen, loslassen und sich anpassen zu können. Konzentrieren Sie sich während des Trauerprozesses immer wieder auf sich selbst und nehmen Sie sich Zeit für Ihre Gesundheit und Ihr Wohlbefinden.

Verbindung zu Erinnerungen aufrechterhalten

In den stillen Tiefen der Herzen von Hinterbliebenen ruhen die kostbaren Erinnerungen an jene, die ihnen so viel bedeutet und die ihre Welt mit ihrer Anwesenheit erhellt haben. Obwohl die Verstorbenen nun nicht mehr physisch anwesend sind, bleiben ihre Spuren in den Gedanken, den Herzen und den Erinnerungen der Hinterbliebenen lebendig.

Die Verbindung und Aufrechterhaltung zu den Erinnerungen an eine verstorbene Person ist eine Möglichkeit, um ihre Präsenz im eigenen Leben zu bewahren. Es ist eine Gelegenheit, ihre einzigartige Lebensgeschichte zu ehren, die Erinnerungen zu bewahren und ihren Geist lebendig zu halten, selbst wenn sie körperlich nicht mehr unter ihnen weilen.

Möglichkeiten, eine Verbindung zu den Erinnerungen aufrechtzuerhalten:

Gemeinsame Erlebnisse:

Nehmen Sie sich Zeit und suchen Sie einen ruhigen Ort auf, an dem Sie sich bewusst an den Verstorbenen erinnern und gemeinsame Momente noch einmal durchleben können. Denken Sie dabei nicht nur an lustige Augenblicke und an lebensfrohe Momente, sondern auch an emotionale Erlebnisse und an bedeutende Ereignisse, die Sie beide miteinander verbindet.

Gedenkort:

Erschaffen Sie einen Gedenkort für den Verstorbenen, indem Sie ihm einen speziellen Ort widmen, an dem Sie sich mit ihm verbunden fühlen. An diesem Ort können Sie persönliche Gegenstände, Kerzen, Fotos oder andere Erinnerungsstücke platzieren.

Gedenkveranstaltungen:

Nehmen Sie an Feiern und Veranstaltungen teil, die dem Verstorbenen gedenken. Diese können Ihnen nicht nur Trost spenden, sondern bieten Ihnen auch die Möglichkeit, sich mit anderen zu verbinden und die Erinnerungen an die verstorbene Person lebendig zu halten.

Gedenkalbum und Collagen:

Das Erstellen eines Gedenkalbums und das Anfertigen von Collagen kann eine therapeutische Möglichkeit sein, die Erinnerungen des Verstorbenen zu bewahren und gleichzeitig auszudrücken, wie schmerzlich er vermisst wird. Durch das Sammeln von Fotos, Karten, Briefen und anderen Erinnerungsstücken und durch das Erstellen von Texten und Collagen können Sie sich an die glücklichen Momente, die Sie gemeinsam erlebt haben, noch einmal zurückerinnern und dabei Ihre Trauer verarbeiten. Ordnen Sie Ihre gesammelten Materialien in einem Album an, verwenden Sie verschiedene Farben, Formen und

Symbole, die Sie mit Ihren gemeinsamen Erlebnissen und dem Charakter des Verstorbenen verbinden, und fügen Sie kurze Beschreibungen oder persönliche Gedanken zu den einzelnen Erinnerungen hinzu.

Geschichten erzählen:
Teilen Sie Ihre Erinnerungen an den Verstorbenen mit anderen, um Ihre Erinnerung lebendig zu halten. Erzählen Sie dabei über lustige Anekdoten, gemeinsame Abenteuer, Herausforderungen, Lektionen oder über bewegende Momente, die Sie gemeinsam erlebt haben. Das Erzählen von Geschichten und das Teilen von Erinnerungen können Ihnen nicht nur Trost spenden und Ihnen helfen, eine Verbindung zu anderen Menschen, die ebenfalls einen Verlust erlebt haben, aufzubauen und zu stärken, sondern ermöglichen es Ihnen außerdem, die gemeinsamen Momente voller Lebensfreude und die Bedeutung des Verstorbenen in Ihrem Leben zu zelebrieren.

Ehrung besonderer Anlässe:
Feiern Sie besondere Anlässe, Ereignisse oder Tage, die für Sie und die verstorbene Person von besonderer Bedeutung waren. Das können zum Beispiel Jahrestage, Geburtstage oder Feiertage sein. Denken Sie an diesen Tagen darüber nach, wie Sie sie gemeinsam in der Vergangenheit verbracht haben, und finden Sie Wege, um diese zu würdigen und zu ehren.

Perspektivenwechsel

Ein Perspektivenwechsel im Trauerprozess kann eine transformative Reise sein, die es den Hinterbliebenen ermöglicht, ihre Erlebnisse und Erfahrungen aus unterschiedlichen Blickwinkeln zu betrachten und damit neue Einsichten zu gewinnen. Zunächst mag der Trauerprozess von Verlust, Schmerz und Leere geprägt sein, doch nach einiger Zeit können Trauernde daneben auch noch andere Sichtweisen entwickeln.

Ein wesentlicher Aspekt in der Veränderung der Perspektive besteht dabei darin, die verschiedenen Phasen der Trauer anzuerkennen. Während die Trauer im Anfangsstadium überwältigend sein kann und das Leben sinnlos und dunkel erscheint, können sich im Laufe der Zeit neue Gedanken und Gefühle entwickeln, die dazu führen, dass Betroffene ihre eigene Sichtweise ändern.

Der Perspektivenwechsel kann während des Trauerprozesses dazu führen, dass Hinterbliebene neue Wege finden, um mit ihrem schmerzhaften Verlust und der Trauer umzugehen, anstatt von ihr beherrscht zu werden. Das schenkt ihnen wiederum die Möglichkeit, Freude, Trost und Hoffnung zu entdecken.

Anleitung:

- Nehmen Sie sich ein wenig Zeit und suchen Sie sich einen ungestörten und ruhigen Ort, an dem Sie sich wohlfühlen.
- Atmen Sie zunächst einige Male tief ein und wieder aus, um im gegenwärtigen Moment anzukommen und Ihren Geist zu zentrieren.
- Denken Sie nun über Ihren Verlust nach und lassen Sie dabei die unterschiedlichen Gefühle, die in Ihnen aufkommen und die mit dem Verlust verbunden sind, zu. Erlauben Sie sich, verwirrt, wütend, ängstlich, traurig oder auch dankbar zu sein. Jedes Gefühl hat seine Gültigkeit.

- Versuchen Sie nun, Ihren Verlust aus anderen Blickwinkeln zu betrachten. Stellen Sie sich Ihren Verlust zum Beispiel aus der Perspektive eines neutralen Beobachters vor oder überlegen Sie, wie andere, Ihnen nahestehende Menschen oder sogar der Verstorbene selbst die Situation betrachten würden.

- Reflektieren Sie dabei auch Ihre Beziehung zum Verstorbenen und die Erinnerungen, die Sie gemeinsam gesammelt haben. Wenn Sie sich auf die positiven gemeinsamen Erinnerungen konzentrieren und Ihre Beziehung zu schätzen beginnen, wird es Ihnen nicht nur leichter fallen, einen Perspektivenwechsel einzunehmen, sondern auch, die Verbindung zur verstorbenen Person aufrechtzuerhalten.

- Betrachten Sie den Verlust nicht lediglich als Quelle des Schmerzes, sondern darüber hinaus auch als Möglichkeit der Transformation und des Wachstums.

- Hinterfragen Sie, welche neuen Weisheiten oder Einsichten Ihnen dieser Perspektivenwechsel gebracht hat. Welche Erfahrungen können Sie daraus ziehen und wie kann es Ihnen gelingen, diese in Ihr Leben zu integrieren?

- Beenden Sie die Übung, indem Sie sich selbst für Ihre Verletzlichkeit, Ehrlichkeit und Offenheit danken. Belohnen Sie sich mit etwas, das Ihnen Freude bereitet, und erinnern Sie sich daran, dass es in Ordnung ist, Zeit zum Trauern und zum Heilen zu benötigen.

DER PROZESS DER AKZEPTANZ

Trauer ist keinesfalls ein Zeichen von Schwäche, sondern vielmehr ein Ausdruck von Verbundenheit und Liebe. Sie durchdringt unseren Körper, unseren Verstand und unsere Emotionen und kann eine breite Palette unterschiedlicher Gefühle – wie Wut, Traurigkeit, Einsamkeit, Schmerz oder sogar Erleichterung – hervorrufen. Nur, wenn wir unsere Trauer anerkennen und ihr Raum zur Entfaltung geben, sind wir in der Lage, unsere Emotionen, die mit dem Verlust einhergehen, auch wirklich zu fühlen, zu akzeptieren und letztendlich auch zu verarbeiten.

Trauer anzuerkennen und zu akzeptieren, erfordert dabei in erster Linie die Bereitschaft, sich mit den eigenen Emotionen zu befassen und sich selbst zu erlauben, die eigene Verletzlichkeit zu zeigen. Trauer verläuft nicht geradlinig und jeder Mensch geht mit dem Trauerprozess auf seine eigene Weise um. Während manche Menschen ihre Trauer offen zeigen, halten andere diese eher zurück. Beide Reaktionen sind vollkommen legitim und können Teil eines gesunden Umgangs mit Trauer sein.

Die Anerkennung und die Akzeptanz der Trauer als natürliche Bestandteile des Lebens können Hinterbliebene nicht nur dabei unterstützen, ihre eigene Trauer besser zu verarbeiten, sondern ermöglichen auf der anderen Seite auch ein tieferes Verständnis und Mitgefühl für andere, die ebenfalls trauern. Letzten Endes sind die Anerkennung und Akzeptanz von Trauer aber immer auch ein Akt der Selbstfürsorge und der Selbstliebe und markieren den Beginn für Heilung und Selbstfindung. Trauer ist eine universelle Erfahrung, die uns als Menschen miteinander verbindet und uns daran erinnert, dass wir nicht alleine sind.

Die eigenen Gefühle akzeptieren

Während des Trauerprozesses kann es eine wahre Herausforderung sein, die eigenen Gefühle zu akzeptieren und anzunehmen, ohne sich dabei selbst dafür zu verurteilen. Es gibt jedoch einige hilfreiche Wege, die Sie dabei unterstützen können, Ihre eigenen Emotionen auf gesunde Art und Weise zu akzeptieren und zum Ausdruck zu bringen.

Selbstmitgefühl:

Ein wichtiger Schritt ist es, sich erst einmal selbst zu erlauben, die eigenen Gefühle zu akzeptieren und traurig zu sein, ohne sich dafür selbst zu verurteilen. Trauer ist ein natürlicher Bestandteil des Lebens und es ist vollkommen in Ordnung und normal, sich in Zeiten der Trauer verletzlich zu fühlen. Seien Sie genauso liebevoll mit sich selbst, wie Sie es auch mit einem geliebten Menschen sein würden, der sich in derselben Situation befindet.

Selbstreflexion und Achtsamkeit:

Nehmen Sie sich regelmäßig Zeit dafür, Ihre eigenen Gefühle achtsam zu reflektieren und zu hinterfragen, wie sich diese in verschiedenen Situationen äußern. Welche Auslöser können Sie identifizieren, die Ihre Traurigkeit weiter verstärken? Was lindert Ihre Trauer? Welche Möglichkeiten gibt es, die Ihnen Trost und Unterstützung spenden können?

Emotionale Ausdrucksmöglichkeiten:

Finden Sie gesunde Wege, um Ihre Emotionen identifizieren und zum Ausdruck bringen zu können, und suchen Sie regelmäßig nach den Aktivitäten, die Ihnen helfen, Ihre Gefühle zu verstehen und zu verarbeiten. Das können zum Beispiel Malen, Tanzen, Musikhören, das Ausüben von körperlichen Bewegungen, das Schreiben in einem Tagebuch, regelmäßige Gespräche mit einer vertrauten Person oder Spaziergänge in der Natur sein. Es ist alles erlaubt, was Ihnen guttut.

Professionelle Unterstützung:
Wenn Sie das Gefühl haben, dass Sie von Ihrer Trauer überwältigt werden, oder Sie Schwierigkeiten damit haben, alleine zurechtzukommen, zögern Sie nicht, sich professionelle Unterstützung zu suchen. Professionelle Hilfe in Anspruch zu nehmen, ist kein Zeichen von Schwäche und keinesfalls etwas, für das Sie sich schämen müssen. Vielmehr kann ein Therapeut Sie durch Ihre schwere Zeit begleiten und Ihnen dabei helfen, Ihre eigenen Gefühle zu verstehen, und gemeinsam mit Ihnen gesunde Bewältigungsstrategien für Ihre Trauer entwickeln.

Geduld:
Trauer verläuft keineswegs linear. Der Trauerprozess braucht Zeit und Ihr Schmerz kann nicht über Nacht geheilt werden. Seien Sie geduldig mit sich selbst und erlauben Sie es sich, den Schmerz zu spüren und die unterschiedlichen Phasen der Trauer auch zu durchlaufen. Setzen Sie sich dabei niemals unter Druck, sich schnell erholen zu müssen. Unterdrücken Sie Ihre Gefühle nicht, sondern erlauben Sie sich vielmehr, diese urteilsfrei anzunehmen und Wege zu finden, sie auf gesunde Weise auszudrücken.

Loslassen und Akzeptanz

Sehen sich Hinterbliebene während des Trauerprozesses mit dem schmerzhaften Verlust eines geliebten Menschen konfrontiert, stehen sie vor den Herausforderungen des Loslassens und der Akzeptanz. Loslassen bedeutet nicht nur, sich von der physischen Präsenz der verstorbenen Person zu lösen, sondern gleichzeitig auch die mit ihr verknüpften Träume, Hoffnungen und Erwartungen gehen zu lassen.

Loslassen erfordert viel Mut und Selbstreflexion und Hinterbliebene müssen sich bewusst machen, dass sie die Realität des Verlustes, ganz gleich, wie schwer es ihnen fallen mag, akzeptieren müssen. Akzeptanz ist dabei ein wesentlicher Schlüsselaspekt des Loslassens und bedeutet, den Verlust nicht länger zu bekämpfen oder diesen gar zu leugnen, sondern ihn als Teil des Lebens anzunehmen. Hierbei ist es vollkommen normal, dass sich viele Hinterbliebene gegen den Verlust wehren und versuchen, an vergangenen Erinnerungen festzuhalten. Wenn sie aber erst einmal bereit sind, sich dem Verlust zu stellen und diesen anzunehmen, können sie mit dem Heilungsprozess beginnen.

Übungen, mit denen Sie das Loslassen und die Akzeptanz fördern können:

Tagebuchschreiben:

- Nehmen Sie sich regelmäßig Zeit, um sich an einem ruhigen Ort, an dem Sie ungestört sind und an dem Sie sich wohlfühlen, für einige Minuten hinzusetzen und Ihre Gedanken und Gefühle bezüglich des Verlustes zu reflektieren.

- Schreiben Sie alle Emotionen, Gedanken und Empfindungen auf, die Ihnen in den Sinn kommen. Hierbei geht es nicht darum, mit perfekter Struktur und Grammatik oder einer schönen Handschrift zu schreiben, sondern vielmehr darum, Ihre Gedanken und Gefühle frei fließen zu lassen.

- Lesen Sie sich Ihre Einträge immer einmal wieder durch, um sich Ihren eigenen Fortschritt vor Augen zu führen und sich bewusst zu machen, inwiefern sich Ihre Gefühle und Gedanken im Laufe des Trauerprozesses entwickelt und verändert haben.

- Ritual zur Akzeptanz und zum Loslassen:

- Suchen Sie sich einen ruhigen und ungestörten Ort, an dem Sie sich wohlfühlen.

- Sammeln Sie Gegenstände oder Symbole, die mit dem verstorbenen Menschen und der mit ihm verbundenen Trauer assoziiert sind. Das könnten zum Beispiel Briefe, Fotos oder persönliche Gegenstände sein.

• Setzen Sie sich bequem hin und atmen Sie erst einmal einige Male tief ein und wieder aus, um im gegenwärtigen Moment anzukommen und Ihren Geist zu zentrieren.

• Denken Sie nun über Ihren Verlust nach und seien Sie dankbar für die Zeit, die Sie mit dem Verstorbenen hatten, und für die Erinnerungen, die Sie gemeinsam geteilt haben. Sprechen Sie Ihre Gefühle und Gedanken entweder laut oder leise in Gedanken aus.

• Nehmen Sie nun die Gegenstände oder Symbole zur Hand und betrachten Sie diese jeweils einzeln. Spüren Sie dabei die mit ihnen verknüpften Emotionen und erlauben Sie sich, diese nun loszulassen, indem Sie sich vorstellen, wie Sie diese freigeben und gehen lassen.

• Anschließend nehmen Sie sich einen Augenblick Zeit, um sich auf die Zukunft und auf all das, was vor Ihnen liegt, zu konzentrieren. Erinnern Sie sich daran, dass Loslassen immer auch Raum für Neues schafft und dass Ihr Leben trotz Ihres Verlustes erfüllt sein kann.

• Beenden Sie das Ritual, indem Sie sich für die Zeit, die Sie sich selbst genommen haben, bedanken. Schließen Sie dabei Ihre Augen und atmen Sie noch einmal tief ein und wieder aus, bevor Sie langsam in den Alltag zurückkehren.

Visualisierung:

• Nehmen Sie sich etwas Zeit und suchen Sie sich einen ruhigen und ungestörten Ort, an dem Sie sich wohlfühlen.

• Setzen oder legen Sie sich bequem hin, schließen Sie Ihre Augen und atmen Sie einmal tief ein und wieder aus, um im Hier und Jetzt anzukommen und Ihren Geist zu zentrieren.

- Visualisieren Sie Ihren Verlust oder Ihre Trauer nun als ein Symbol oder einen Gegenstand. Stellen Sie sich vor, wie Sie dieses Symbol bzw. den Gegenstand sanft loslassen und ihn in die Umgebung Ihrer Visualisierung entlassen. Wiederholen Sie währenddessen eine positive Affirmation, wie zum Beispiel: „Ich erlaube mir, Frieden und Heilung zu finden."
- Beobachten Sie, wie der Gegenstand oder das Symbol verschwindet oder davonfliegt, und machen Sie sich gleichzeitig bewusst, dass Sie bereit dafür sind, ihn gehen zu lassen und Raum für Neues zu schaffen.
- Nehmen Sie sich einen Moment lang Zeit, um die Emotionen, die nun in Ihnen aufkommen, zu fühlen. Akzeptieren Sie diese ohne Widerstand und ohne Urteil. Spüren Sie, wie sich, während Sie den Verlust loslassen und Raum für Heilung und Neuanfang schaffen, ein Gefühl der Akzeptanz und des Friedens in Ihnen ausbreitet.
- Atmen Sie tief ein und wieder aus und fühlen Sie dabei die Gelassenheit und die Ruhe, die sich in Ihrem Inneren ausbreiten.
- Beenden Sie die Visualisierung, indem Sie langsam in den gegenwärtigen Moment zurückkehren. Öffnen Sie dafür behutsam Ihre Augen und atmen Sie noch einmal tief ein und wieder aus.

NEUE PERSPEKTIVEN ENTWICKELN

Die Entwicklung neuer Perspektiven kann im Trauerprozess eine tiefgreifende Reise sein, die Sie dabei unterstützt, Ihre Empfindungen und Erlebnisse aus verschiedenen Blickwinkeln zu betrachten, neue Bewältigungsstrategien zu entdecken und dadurch neue Einsichten zu gewinnen. Statt den Verlust ausschließlich als negativ und schmerzhaft zu betrachten, eröffnet die Umdeutung des Verlustes die Möglichkeit, neue Blickwinkel zu erkunden und eine tiefere Ebene der Bedeutung und des Verständnisses zu erlangen. So dunkel die Zeiten tiefer Trauer auch sein mögen, Verluste sind feste Bestandteile eines größeren Lebenszyklus und das Leben ist geprägt von Zyklen und Veränderungen, zu denen immer auch der Verlust von geliebten Menschen oder Dingen gehört. Auf der anderen Seite kann ein Verlust aber auch als Chance betrachtet werden, der es Ihnen ermöglicht, zu reflektieren und persönlich zu wachsen. Jeder Verlust bringt zwar Schmerz und Trauer mit sich, bietet Ihnen darüber hinaus aber auch die Gelegenheit, Ihre Prioritäten neu zu setzen und Ihr Leben neu zu bewerten. Die Suche nach neuen Lernerfahrungen sowie Bedeutungen aufgrund des Verlustes können Ihnen dabei helfen, Ihre Resilienz zu stärken und Ihre Fähigkeit zu verbessern, mit künftigen Herausforderungen besser umzugehen.

Die Umdeutung des Verlustes und die Entwicklung neuer Perspektiven erfordern dabei nicht nur Geduld, Mitgefühl und Selbstreflexion, sondern auch die Bereitschaft, sich den eigenen Gedanken und Gefühlen zu stellen. Außerdem ist es ein individueller Prozess, der Zeit benötigt und mit dem jeder Trauernde auf seine eigene Art und Weise umgeht. Letztendlich kann Ihnen dieser Prozess aber dabei helfen, eine größere Bedeutung und einen tieferen Sinn in Ihrem Leben zu finden. Indem Sie Ihren Verlust nämlich aus unterschiedlichen Perspektiven betrachten und sich auf die Suche nach neuen Erfahrungen begeben, können Sie Ihren Schmerz transformieren und neue Wege finden, um trotz Ihres Verlustes weiterzuleben und an den dunklen Zeiten der Trauer zu wachsen.

Wachstumsorientierte Fragen

Wachstumsorientierte Fragen sind ein hilfreiches Tool, um während des Trauerprozesses positivere Veränderungen im Denken und Handeln zu fördern. Sie regen zur Selbstreflexion an und ermöglichen es Ihnen somit, Ihre Gefühle, Gedanken und Erfahrungen zu reflektieren und einen tieferen Einblick in Ihren individuellen Trauerprozess zu erhalten. Auf diesem Wege unterstützen Sie die Fragen dabei, alternative Denkweisen und Sichtweisen einzunehmen und so über Ihren eigenen Horizont hinauszublicken.

Darüber hinaus fördern wachstumsorientierte Fragen während des Trauerprozesses Ihre persönliche Entwicklung, indem Sie sich mit Ihren individuellen Stärken auseinandersetzen und Ihre Fähigkeiten und Ressourcen identifizieren. Sie helfen Ihnen dabei, sich den Herausforderungen während der Trauer aktiv zu stellen und diese Herausforderungen dabei als Chancen zur persönlichen Entwicklung zu betrachten. Durch die Entwicklung neuer Perspektiven und des Bewusstseins für persönliches Wachstum stärken Sie nicht zuletzt auch Ihre Resilienz und Sie lernen, aus dunklen Zeiten gestärkt hervorzugehen.

Beispiele für wachstumsorientierte Fragen, die Ihnen während der Trauer helfen können:

Reflexion über den Verlust:

- Wie hat sich mein Leben seit dem Verlust verändert? Inwiefern hat der Verlust meine Perspektive auf das Leben verändert? Welche neuen Einsichten habe ich durch den Verlust über mich selbst gewonnen?

Erkundung neuer Möglichkeiten:

- Welche neuen Denkansätze oder Perspektiven hat der Verlust mir eröffnet? Welche neuen Träume oder Ziele möchte ich verfolgen, um meinem Leben einen neuen Sinn zu verleihen? Wie kann ich meinen Verlust als Chance nutzen, um mich weiterzuentwickeln und neue Wege einzuschlagen?

Frage nach persönlichem Wachstum:

- Inwiefern hat mich der Verlust dazu motiviert, mich weiterzuentwickeln? Welche Herausforderungen hat der Verlust mit sich gebracht? Welche neuen Stärken oder Fähigkeiten habe ich entwickelt, um meine Trauer zu akzeptieren und mit dieser umzugehen?

Suche nach Bedeutung und Sinn:

- Wie kann ich meinen Verlust als Treiber nutzen, um in meinem Leben neue Prioritäten zu setzen? Welche Werte und Überzeugungen sind mir, aufgrund des Verlustes, besonders wichtig geworden? Welche Lehren hat der Verlust mit sich gebracht und wie helfen diese mir, mein Leben bewusster zu gestalten?

Verlust als Puzzleteil eines größeren Bildes:

- Inwiefern hat der Verlust mich dazu aufgefordert, aus meiner Komfortzone herauszutreten und mich weiterzuentwickeln? Wie gelingt es mir, den Verlust als Teil meines Weges zu betrachten, und wie kann ich daran wachsen? Was kann ich konkret machen, um aus meiner Erfahrung zu lernen und mich weiterzuentwickeln?

Suche nach positiven Momenten

Wenn Sie einen geliebten Menschen verloren haben, ist es immer wieder wichtig, dass Sie sich bewusst auf die positiven Erinnerungen und gemeinsamen Erlebnisse mit dem Verstorbenen konzentrieren, um den Prozess der Trauer zu erleichtern, neue Perspektiven zu entwickeln und letztendlich auch die Erinnerung an den Verstorbenen am Leben erhalten zu können. Die Erinnerung an die schönen Momente, die Sie gemeinsam mit dem Verstorbenen geteilt haben, hilft Ihnen dabei, die emotionale Verbindung zu ihm aufrechtzuerhalten und Trost zu spenden.

Außerdem stärkt die Suche nach positiven Momenten Ihre Wertschätzung für die besondere Beziehung, die Sie zum Verstorbenen hatten, und bietet Ihnen die Möglichkeit, die Trauer um den Verlust in einem positiveren Licht sehen zu können. Letztendlich erlaubt Ihnen die bewusste Ausrichtung auf die positiven Erinnerungen aber auch, den Fokus vom Verlust und dem Schmerz weg hin zu Wertschätzung und Dankbarkeit zu lenken, was wiederum zu einem Gefühl der inneren Ruhe und des Friedens führen kann.

Visualisierung – Anleitung:

- Nehmen Sie sich etwas Zeit und suchen Sie sich einen ruhigen Ort, an dem Sie ungestört sind und sich wohlfühlen.
- Setzen oder legen Sie sich bequem hin und schließen Sie Ihre Augen.
- Atmen Sie nun einmal langsam und tief ein und wieder aus, um im gegenwärtigen Moment anzukommen, Ihren Geist zu zentrieren und sich zu entspannen.
- Spüren Sie, wie sich jegliche Spannungen in Ihrem Körper lösen und Sie sich gelassen und ruhig fühlen.

• Visualisieren Sie nun den Verstorbenen vor Ihrem geistigen Auge und versuchen Sie, sich dabei so lebhaft wie möglich an sein äußeres Erscheinungsbild, seine Gesten und an seine Stimme zu erinnern.

• Rufen Sie sich die glücklichen Erlebnisse und Momente, die Sie gemeinsam mit ihm erlebt und die Sie geteilt haben, in Erinnerung und denken Sie an die Zeiten der Freude und des Lachens.

• Fokussieren Sie nun die Sinneserfahrungen, die Sie mit diesen Erinnerungen verbinden. Versuchen Sie dabei, den Klängen, Gerüchen, Farben und Texturen dieser Momente wieder Leben einzuhauchen. Wie hat sich das Lachen des Verstorbenen angehört? Waren die Sonnenstrahlen auf Ihrem Gesicht warm, als Sie gemeinsam Erinnerungen gesammelt haben? Wie haben sich seine Umarmungen angefühlt?

• Spüren Sie die Dankbarkeit und die Wertschätzung für die Zeit, die wertvollen Erinnerungen und all die Liebe, die der Verstorbene in Ihr Leben gebracht hat.

• Überlegen Sie sich, welche Lektionen Sie für Ihr Leben aus den gemeinsamen Erinnerungen gewinnen können. Welche Einsichten und Weisheiten können Sie aus den geteilten Momenten gewinnen? Wie haben diese Erinnerungen Ihr Leben bereichert und inwiefern können Sie Ihnen nun in Zeiten der Trauer helfen, neue Sichtweisen zu entwickeln und damit auch persönliches Wachstum zu fördern?

• Um die Visualisierung zu beenden, nehmen Sie sich abschließend noch einmal einen Moment lang Zeit, um Ihre Erfahrungen in Stille zu reflektieren.

• Wenn Sie bereit sind, öffnen Sie langsam und behutsam Ihre Augen und kehren mit einem Gefühl der Dankbarkeit wieder ins Hier und Jetzt zurück.

SELBSTMITGEFÜHL UND VERGEBUNG

Selbstmitgefühl und Vergebung sind zwei wesentliche Elemente im Trauerprozess, um Frieden und Heilung zu finden. In Zeiten der Trauer neigen viele Hinterbliebene dazu, sich selbst zu kritisieren und Schuldgefühle zu haben, die ihren Schmerz nur noch mehr verstärken. Durch Selbstmitgefühl können Trauernde hingegen lernen, ihre negativen Selbstgespräche durch mitfühlende Gedanken zu ersetzen und sich selbst Liebe und Trost zu spenden. Die Vergebung hilft ihnen außerdem, sich von der Last der Vergangenheit zu befreien und sich von negativen Emotionen, wie Wut, Zorn oder Groll, zu lösen. Selbstmitgefühl und Vergebung unterstützen die Trauernden dabei, ihr Herz zu heilen, den Schmerz ihres Verlustes anzunehmen, sich auf die Zukunft zu konzentrieren und sich auf einen Weg der Heilung und des Wachstums zu begeben.

Selbstmitgefühl entwickeln

Selbstmitgefühl bedeutet, sich selbst in schwierigen Zeiten mit derselben Unterstützung und demselben Verständnis zu begegnen, wie Sie es normalerweise anderen gegenüber tun würden. Es geht darum, freundlich und verständnisvoll mit sich selbst umzugehen, anstatt sich selbst zu kritisieren oder zu verurteilen. Das beinhaltet auch, dass Sie Ihre eigenen Fehler und Unvollkommenheiten annehmen, ohne sich selbst herabzusetzen.

Selbstmitgefühl ermöglicht es Ihnen, sich selbst mit Güte zu behandeln und die Herausforderungen des Lebens aus einer neutralen Perspektive zu betrachten. Es ist ein Weg, um Ihre Menschlichkeit anzuerkennen und Ihren eigenen Wert zu würdigen – selbst dann, wenn die Dinge nicht so verlaufen, wie Sie es sich wünschen.

Anleitung:

- Finden Sie einen ruhigen Ort, an dem Sie ungestört sind und für einige Minuten entspannen können.
- Denken Sie nun an Ihren Verlust oder eine andere, damit verbundene Situation in Ihrem Leben, die schwierig ist und Stress verursacht.
- Spüren Sie den Stress, den dieser Verlust oder diese Situation in Ihrem Körper hervorruft. Können Sie das emotionale Unbehagen fühlen, wenn Sie darüber nachdenken?
- Sprechen Sie nun den folgenden Satz laut zu sich selbst: „Das ist ein Moment des Leidens." Durch die Anerkennung Ihrer Gefühle praktizieren Sie gleichzeitig Achtsamkeit, indem Sie einfach das wahrnehmen, was gerade in Ihnen vorgeht, ohne diese Empfindungen als gut oder schlecht zu bewerten. Alternativ können Sie auch sagen: „Das ist Stress" oder „Das tut weh". Nutzen Sie einfach die Aussage, die sich für Sie am natürlichsten anfühlt.
- Sagen Sie als Nächstes einen der folgenden Sätze zu sich selbst: „Leiden ist ein Teil des Lebens", „Ich bin nicht allein" oder „Jeder hat seinen Koffer zu tragen". Diese Aussage hilft Ihnen, zu erkennen, dass Sie dieses Gefühl mit anderen Menschen verbindet. Hierbei geht es nicht darum, Ihre eigenen Gefühle herunterzuspielen, sondern vielmehr darum, zu verstehen, dass alle Menschen schwierige Erfahrungen machen. Es bedeutet also nicht, dass wir alle unvollkommen oder unnormal sind.
- Abschließend legen Sie Ihre Hände über Ihr Herz, spüren die Wärme Ihres Körpers und sprechen einen letzten Abschlusssatz, wie zum Beispiel: „Ich vergebe mir selbst", „Ich werde lernen, mich genauso zu akzeptieren, wie ich bin" oder „Ich möchte mir selbst freundlich gegenüber sein".

Vergebung

Bei der Bewältigung von Verlust und Schmerz spielt Vergebung eine wichtige Rolle. Oftmals sind die Wut, der Groll und die Schuldgefühle sich selbst und anderen gegenüber Teil des Trauerprozesses. Vergebung umfasst dabei allerdings nicht nur, andere von ihrer Verantwortung zu entlasten, sondern auch sich selbst von der Last der eigenen negativen Gedanken und Gefühle zu befreien.

Vergebung bedeutet also nicht, das Verhalten anderer zu rechtfertigen oder zu vergessen, sondern ist vielmehr ein Akt der Selbstbefreiung von negativen Emotionen wie Bitterkeit und Groll. Indem Sie sich selbst vergeben, erlauben Sie sich, loszulassen und inneren Frieden zu finden. Diese Erfahrung kann sehr transformativ sein und es Ihnen ermöglichen, Ihren Fokus von vergangenen Verletzungen auf Gegenwart und Zukunft zu lenken.

Vergessen Sie jedoch nicht, dass Vergebung ein kontinuierlicher Prozess ist, der Geduld, Zeit, Selbstmitgefühl und Selbstreflexion erfordert. Außerdem setzt Vergebung Mut voraus. Mut, sich den eigenen Gefühlen zu stellen und bereit dafür zu sein, alte Wunden zu heilen. Ihre Entscheidung, zu vergeben, kann dabei eine äußerst befreiende Erfahrung sein und Sie unterstützen, Ihren individuellen Trauerprozess voranzutreiben und ein ruhiges und harmonisches Leben zu führen.

Anleitung:

- Suchen Sie sich einen ruhigen Ort, an dem Sie ungestört sind und an dem Sie sich wohlfühlen.
- Gehen Sie nun in sich und denken Sie ehrlich darüber nach, ob Sie sich an Situationen erinnern können, in denen Sie sich selbst oder in denen andere Ihnen Schaden zugefügt haben. Identifizieren Sie die damit verbundenen Emotionen, wie zum Beispiel Schmerz, Wut oder Bitterkeit.

- Versuchen Sie, zu begreifen, warum Sie oder die Person so gehandelt hat, und berücksichtigen Sie dabei auch potentielle Ursachen sowie Umstände, die zu diesem Verhalten geführt haben könnten. Das wird Ihnen dabei helfen, Empathie zu entwickeln und den Standpunkt dieser Person besser nachvollziehen zu können.

- Gestatten Sie es sich nun, die negativen Emotionen, die Sie sich selbst oder anderen gegenüber hegen, loszulassen. Erkennen Sie, dass das Festhalten an diesen Emotionen Ihnen lediglich Schaden zufügt und Sie daran hindert, Ihren inneren Frieden zu finden.

- Wenn Sie dazu bereit sind, vergeben Sie sich selbst oder der anderen Person – zum Beispiel durch einen Brief oder in einem Gespräch. Wichtig ist nur, dass Sie dabei authentisch und aufrichtig sind.

- Seien Sie während dieses Prozesses mitfühlend und freundlich sich selbst gegenüber. Vergebung ist weder ein einfacher noch ein schneller Prozess, sondern erfordert vielmehr Zeit, Geduld und die Bereitschaft, auch einmal Fehler zu begehen.

- Nutzen Sie die Erfahrungen, die Sie während des Prozesses der Vergebung gesammelt haben, um sich weiterzuentwickeln und zu wachsen. Seien Sie neuen Perspektiven gegenüber offen und lernen Sie aus den Erfahrungen der Vergangenheit, um ähnliche Herausforderungen und Konflikte in Zukunft besser bewältigen zu können.

- Nehmen Sie sich regelmäßig Zeit, um achtsam innezuhalten, Ihre Gefühle anzuerkennen und diese zu akzeptieren.

Loslassen von Schuldgefühlen

Schuldgedanken sind ein integraler und komplexer Bestandteil fast jedes Trauerwegs. Sie können sich in unterschiedlichen Formen zeigen und durch verschiedene Ursachen ausgelöst werden – sei es aufgrund ungesagter Worte, nicht getroffener Entscheidungen oder wegen des Verlustes selbst. Für viele Trauernde ist das Gefühl der Schuld dabei eine quälende Begleiterscheinung, die den Trauerprozess enorm erschwert, da es Gefühle der Scham, der Unzulänglichkeit oder der Selbstvorwürfe hervorruft.

Schuld raubt den Hinterbliebenen die Freude am Leben, zeigt ihnen immer wieder aufs Neue, dass sie vermeintlich nicht genug sind, und hindert sie daran, das Leben in all seinen Facetten dankbar anzunehmen. Auf der anderen Seite kann Schuld auch als Teil des Verarbeitungsprozesses des Verlustes auftreten, wenn sich Hinterbliebene fragen, ob sie hätten mehr tun können, um den Verlust zu mildern oder sogar zu verhindern. Dabei entstehen Schuldgefühle oftmals aus dem Bedürfnis heraus, eine Erklärung für den Verlust oder Kontrolle darüber finden zu wollen. Die Auseinandersetzung mit den eigenen Schuldgefühlen kann dann hilfreich sein, um zu verstehen, dass diese Gefühle während des Trauerprozesses normal sind, dass niemand perfekt ist und dass Verluste schmerzhafte, aber feste Bestandteile des Lebens sind.

Strategien, um mit Schuldgefühlen umzugehen und diese loszulassen:

Akzeptieren Sie Ihre Gefühle:
Erlauben Sie es sich, Schuldgefühle als natürliche Reaktion auf Ihren Verlust zu empfinden, auch wenn diese nicht immer rational sein mögen. Es ist jedoch wichtig, Schuldgefühle anzuerkennen und nicht zu versuchen, sie zu unterdrücken oder zu leugnen.

Sprechen Sie darüber:
Teilen Sie Ihre Schuldgefühle mit vertrauten Personen. Das können zum Beispiel Familienangehörige, Freunde oder ein Therapeut sein. Insbesondere Außenstehende können Ihnen dabei oftmals eine neue Perspektive auf die Dinge bieten und Ihnen Trost und Unterstützung spenden.

Schreiben Sie darüber:
Das Niederschreiben Ihrer Gedanken und Gefühle kann Ihnen dabei helfen, diese zu verarbeiten. Halten Sie Ihre Empfindungen zum Beispiel in einem Trauertagebuch fest oder wenden Sie sich in einem Brief direkt an die verstorbene Person. Drücken Sie all das aus, was Sie fühlen, und lassen Sie Ihre Gedanken frei auf das Papier fließen.

Überlegen Sie objektiv:
Versuchen Sie einmal, die Situation aus einer neutralen Perspektive zu betrachten und sich selbst nicht zu verurteilen. Fragen Sie sich, ob Sie dieselben Erwartungen wie an sich selbst auch an einen Freund hätten. Die meisten Menschen sind oftmals viel härter zu sich selbst als zu anderen.

Hilfe von außen:
Wenn Sie von Ihren Schuldgefühlen überwältigt werden, zögern Sie nicht, sich professionelle Hilfe zu suchen. Ein Therapeut kann Sie während Ihres Trauerprozesses unterstützen, Ihnen spezifische Techniken anbieten und neue Perspektiven aufzeigen, die den Umgang mit Ihren Gefühlen erleichtern.

Trauerrituale:
Trauerrituale sind eine wundervolle Möglichkeit, um einerseits die verstorbene Person zu ehren und die Erinnerung an sie am Leben zu erhalten und um andererseits mit Ihren Schuldgefühlen umzugehen. Welche Trauerrituale Sie dabei praktizieren, bleibt ganz Ihnen überlassen.

Vergebung:
Erlauben Sie sich, Fehler zu machen, aus ihnen zu lernen und sich anschließend selbst zu vergeben. Vergebung ist ein wichtiger Schritt, um mit Ihren Schuldgefühlen umzugehen und inneren Frieden finden zu können.

Zeit:
Letztendlich unterstützt Sie auch die Zeit, wie bei vielen anderen Aspekten des Trauerprozesses auch, dabei, Ihre Schuldgefühle zu lindern. Zeit allein mag vielleicht nicht alle Schuldgefühle und jeden Schmerz heilen, kann jedoch helfen, allmählich einen Weg zu finden, um mit dem Verlust umzugehen und inneren Frieden zu finden.

Trauerarbeit: Schritt für Schritt

EMOTIONALE FREISETZUNG

In der Trauerarbeit spielt das Freisetzen von Emotionen eine essentielle Rolle. Es ist ein Weg, durch den sich Trauernde Raum und Zeit nehmen können, um ihre eigenen Gefühle zu erleben und auszudrücken. Dieser Prozess umfasst oftmals den Ausdruck von Wut, Verzweiflung, Traurigkeit und anderen intensiven Gefühlen, die mit dem Verlust einer nahestehenden Person einhergehen.

Die emotionale Freisetzung ermöglicht es den Hinterbliebenen während der Trauerarbeit, ihre Gefühle anzunehmen und zu verarbeiten, was passiert ist. Durch das Teilen und Ausdrücken ihres Schmerzes können sie Trost finden und allmählich einen Weg der Heilung einschlagen. Für einige Trauernde kann die emotionale Freisetzung dabei durch Gespräche mit nahestehenden Menschen oder einem Therapeuten erfolgen, während andere womöglich kreative Ausdrucksformen nutzen. Unabhängig vom Weg der emotionalen Freisetzung ist es wichtig, sich selbst zu erlauben, die eigenen Gefühle zu spüren und zum Ausdruck zu bringen, um den Trauerprozess zu bewältigen.

Malerei als kreative Ausdrucksform nutzen

Kreative Ausdrucksformen bieten Ihnen eine wundervolle Möglichkeit, Ihren Gefühlen und Gedanken Ausdruck zu verleihen, einen Ausweg aus dem Schmerz zu finden und Heilung und Wachstum zu erfahren. Neben dem Musizieren und dem Schreiben kann Ihnen insbesondere die Malerei bei der emotionalen Freisetzung während Ihres Trauerprozesses helfen.

Auf der einen Seite ermöglicht Ihnen die Malerei, Ihre tiefsten Gefühle und Emotionen, die sich oftmals nur schwer in Worte fassen lassen, zum Ausdruck zu bringen. Dabei können Sie Ihre Trauer, Angst oder Wut durch verschiedene Farben, Linien und Formen ausdrücken und diese auf eine intuitive und visuelle Art und Weise verarbeiten.

Auf der anderen Seite kann das Malen eine kathartische Wirkung (Befreiung innerer Konflikte und verdrängter Gefühle) haben. Es unterstützt Sie nämlich dabei, Ihre emotionalen Blockaden zu lösen und dadurch Ihrer Trauer freien Lauf zu lassen. In dem Moment, in dem Sie Ihre Emotionen auf die leere Leinwand übertragen, können Sie die Befreiung und Erleichterung von belastenden Gefühlen spüren. Gleichzeitig wirkt das Malen beruhigend und entspannend und hilft Ihnen dabei, Stress abzubauen. Durch die Fokussierung auf die Malerei und das kreative Schaffen können Sie sich von Ihren alltäglichen Gedanken ablenken und zumindest vorübergehend eine Erleichterung verspüren.

Außerdem kann das Malen ein Werkzeug zur Selbstheilung und Transformation sein, mit dem Sie Ihre Emotionen kreativ ausdrücken und Ihre innere Welt erkunden können. Es unterstützt Sie beim Prozess der Heilung und des Wachstums und hilft Ihnen dabei, stärker aus Ihrer Trauer hervorzugehen.

Anleitung:

- Suchen Sie sich einen ruhigen und inspirierenden Ort, an dem Sie sich wohlfühlen und der es Ihnen erlaubt, ungestört malen zu können.
- Schaffen Sie eine stimmungsvolle, unterstützende und inspirierende Atmosphäre, indem Sie den Ort nach Ihren persönlichen Vorlieben, Wünschen und Bedürfnissen gestalten.
- Wählen Sie verschiedene Utensilien aus, die Sie zum Malen nutzen möchten. Das können zum Beispiel Stifte, Kohle oder Kreide, aber auch Acryl-, Öl- oder Aquarellfarbe sein. Entscheiden Sie sich außerdem für einen Untergrund, auf dem Sie malen möchten, wie beispielsweise Papier, eine Leinwand oder Holz. Suchen Sie sich darüber hinaus gerne auch weitere Utensilien aus, die Sie zum Ausdruck Ihrer Gefühle nutzen möchten, wie zum Beispiel Pinsel, Malmesser oder Schwämme.
- Bevor Sie mit dem Malen beginnen, nehmen Sie sich einen Moment lang Zeit, um in sich zu gehen. Atmen Sie dafür einige Male tief durch und entspannen Sie sich. Lassen Sie all Ihre Gedanken und Gefühle los und kommen Sie vollkommen im gegenwärtigen Moment an.
- Beginnen Sie den Malprozess, indem Sie Ihre Emotionen, Gedanken und Empfindungen frei fließen lassen. Erlauben Sie sich, tief in Ihre Trauer einzutauchen und all Ihren Schmerz auf den gewählten Untergrund zu übertragen. Drücken Sie Ihre Gefühle und Gedanken dabei mit unterschiedlichen Farben, Formen, Linien, Texturen und Materialien aus.
- Experimentieren Sie mit verschiedenen Malstilen und -techniken, um Ihre Emotionen vielfältig zum Ausdruck zu bringen. Probieren Sie gerne auch unterschiedliche Kontraste, Farbverläufe und Schattierungen aus, durch die Sie Ihren Gefühlen auf den Grund gehen können.

- Lassen Sie sich von Ihrem Instinkt und Ihrer Intuition leiten und erlauben Sie Ihrem Unterbewusstsein, Sie während des Malens zu lenken. Seien Sie spontan, haben Sie keinerlei Erwartungen und nehmen Sie alles, was kommt, urteilsfrei an.

- Wenn Sie mit dem Malen fertig sind, nehmen Sie sich einen Moment lang Zeit, um Ihr Werk zu betrachten. Denken Sie darüber nach, welche Botschaften und Emotionen in Ihrer Malerei versteckt sind. Reflektieren Sie Ihren Malprozess und fragen Sie sich selbst, was Sie daraus mitnehmen können.

- Falls Sie möchten, können Sie Ihre Kunst gerne mit anderen teilen.

Innerer Dialog

Der Trauerprozess kann beim Verlust einer geliebten Person oft kompliziert sein, da einige Hinterbliebene das Gefühl haben, für immer von der verstorbenen Person getrennt zu sein und den Schmerz des Verlustes immer wieder zu erleben, wenn sie an sie denken. Andererseits empfinden andere Hinterbliebene weiterhin eine Verbindung zum Verstorbenen und fühlen sich innerlich von ihm begleitet und gestärkt. Mit der Methode des inneren Dialogs kann der Verstorbene zu einer bedeutenden Quelle der Unterstützung für den Hinterbliebenen werden.

Anleitung:

- Suchen Sie sich einen ruhigen Ort, an dem Sie ungestört sind und in sich gehen können.
- Setzen oder legen Sie sich bequem hin, schließen Sie Ihre Augen und atmen Sie tief ein und wieder aus, um Ihren Geist zu beruhigen und sich zu entspannen.
- Visualisieren Sie vor Ihrem inneren Auge, wie Sie einen liebevollen und harmonischen Raum um sich herum geschaffen haben, in dem Sie sich geborgen, sicher und beschützt fühlen. Spüren Sie dabei die einladende und warme Atmosphäre, von der Sie umgeben sind.
- Stellen Sie sich nun die verstorbene Person, mit der Sie in den Dialog treten möchten, vor. Laden Sie sie liebevoll dazu ein, Sie in Ihrem geschützten Raum zu besuchen. Visualisieren Sie, wie sie sich zu Ihnen gesellt.
- Öffnen Sie Ihre Seele für den inneren Dialog mit dem Verstorbenen und beginnen Sie das Gespräch, indem Sie der verstorbenen Person, entweder laut oder in Gedanken, sagen, was Sie fühlen und was Sie beschäftigt. Offenbaren Sie Ihre Gedanken, Gefühle, Wünsche und

Ängste, hören Sie dem Verstorbenen auf der anderen Seite aber selbst auch aufmerksam zu.

- Seien Sie für jegliche Form der Antwort offen. Die Antwort des Verstorbenen könnte zum Beispiel in Form eines Gefühls, eines Gedankens, eines Bildes oder durch einen intuitiven Impuls erscheinen. Vertrauen Sie darauf, dass die Antworten des Verstorbenen zu Ihnen gelangen werden.

- Beenden Sie das Gespräch, indem Sie Ihre Dankbarkeit für die Zeit, die sich der Verstorbene genommen, und die Botschaften, die er Ihnen gesendet hat, bedanken.

- Verabschieden Sie sich liebevoll vom Verstorbenen und lassen Sie ihn wissen, dass er für immer einen Platz in Ihrem Herzen haben wird.

- Nehmen Sie sich nach dem Gespräch Zeit, um den Dialog zu reflektieren. Wenn Sie möchten, können Sie Ihre Erfahrungen gerne auch aufschreiben. Alternativ nehmen Sie sich einfach einen Moment der Ruhe, um Ihre Gefühle nachzuspüren.

Ritual zur Abschiednahme

Trauerrituale zur Abschiednahme können viele Gesichter annehmen. Sie dienen dazu, den Verlust zu verarbeiten und den Hinterbliebenen Raum zu geben, um ihren Schmerz auszudrücken. Trauerrituale spielen eine entscheidende Rolle dabei, die Trauernden durch die schwere Zeit nach dem Verlust zu leiten. Sie unterstützen sie dabei, den Schmerz über den Verlust zu bewältigen und den Tod des geliebten Menschen zu akzeptieren. Außerdem tragen sie dazu bei, die Erinnerung an den Verstorbenen lebendig zu halten und den sozialen Zusammenhalt unter den Trauernden zu stärken.

Ein wichtiger Schritt für Hinterbliebene im Trauerprozess ist es, den Verlust zu realisieren und zu begreifen, dass der geliebte Mensch nicht länger da ist. Dieser wichtige Schritt in der Trauerarbeit wird durch festgelegte Rituale ermöglicht. Diese Rituale schaffen einen sicheren Rahmen, in dem die Trauernden ihre Emotionen ausdrücken und ihren Schmerz zulassen können. Die Wiederholung vertrauter Handlungen spendet ihnen dabei Halt und gibt ihnen Orientierung, insbesondere in einer Zeit der Verzweiflung und des Chaos.

Anleitung – persönliches Abschiedsritual:

- Suchen Sie sich einen Ort, an dem Sie sich wohlfühlen und der es Ihnen erlaubt, sich vollkommen auf Ihre Emotionen und Gedanken zu konzentrieren.
- Schaffen Sie eine stimmungsvolle Atmosphäre, indem Sie den Ort (z. B. ein Raum) mit Symbolen oder Gegenständen gestalten, die Sie mit dem Verstorbenen in Verbindung bringen. Das können zum Beispiel Fotos, Blumen, persönliche Gegenstände der verstorbenen Person oder Erinnerungsstücke sein.
- Nehmen Sie sich nun Zeit, um in sich zu gehen, Ihre Gefühle und Gedanken zu erkunden und um über Ihre Beziehung zum Verstorbenen nachzudenken. Atmen Sie dafür erst einmal tief ein und wieder aus. Erinnern Sie sich nun an die Tage, die Sie gemeinsam erlebt, die besonderen Momente, die Sie geteilt, und die Dinge, die Sie am Verstorbenen besonders geschätzt haben.
- Nehmen Sie sich einen Stift und ein Blatt (oder Ihr Trauertagebuch) zur Hand und verfassen Sie einen persönlichen Abschiedsbrief, in dem Sie Ihre Gedanken und Gefühle zum Ausdruck bringen, Ihre Erinnerungen teilen und Abschied von der verstorbenen Person nehmen. Lassen Sie all Ihre Empfindungen ehrlich und urteilsfrei aufs Papier fließen und schreiben Sie sich Ihre Gedanken und Gefühle frei von der Seele.
- Anschließend lesen Sie den Abschiedsbrief laut vor. Lassen Sie sich dabei genug Zeit, um jede einzelne Zeile des Briefes zu spüren und

eine Verbindung zum Verstorbenen herzustellen. Erlauben Sie sich außerdem, Traurigkeit zu fühlen und Ihre Trauer auszudrücken.

- Führen Sie nun ein Abschiedsritual Ihrer Wahl durch – pflanzen Sie zum Beispiel einen Baum, zünden Sie eine Kerze an oder lassen Sie einen Luftballon in den Himmel steigen. Suchen Sie sich eine Handlung aus, die Sie dabei unterstützt, Abschied vom Verstorbenen zu nehmen und Frieden zu finden.
- Beenden Sie das Ritual, indem Sie der verstorbenen Person für die gemeinsame Zeit und die Erinnerungen danken. Lassen Sie nun los und geben Sie sich selbst die Erlaubnis, den Übergang in einen neuen Lebensabschnitt ohne den Verstorbenen zu akzeptieren und nach vorne in die Zukunft zu schauen.

Passen Sie das Ritual gerne an Ihre eigenen Wünsche, Vorlieben und Bedürfnisse an und erlauben Sie sich, weiterhin mit der verstorbenen Person verbunden zu sein, während Sie Ihren eigenen Weg ohne sie weitergehen.

Aktive Trauerarbeit

Aktive Trauerarbeit beschreibt einen bewussten Prozess, bei dem Sie Ihren Trauerweg durch aktive Handlungen und Engagements durchlaufen und gleichzeitig einen positiven Beitrag leisten. Bei der aktiven Trauerarbeit engagieren Sie sich in gemeinnützigen Organisationen oder Projekten, die entweder dem Verstorbenen selbst oder seinen Interessen gewidmet sind. Dadurch setzen Sie sich nicht nur aktiv mit dem Verlust auseinander, sondern können zur selben Zeit auch noch die Verbindung zur verstorbenen Person bewahren.

Dieses Engagement kann vielfältig sein, unterschiedliche Formen annehmen und sich nach Ihren individuellen Fähigkeiten und Vorlieben richten. So könnten Sie sich beispielsweise freiwillig in Organisationen einbringen, die sich mit den Themen auseinandersetzen, die dem Verstorbenen wichtig waren – wie Bildung, Umweltschutz, soziale Gerechtigkeit, Gleichberechtigung oder Tierschutz. Auf der anderen Seite können Sie aber auch an Veranstaltungen teilnehmen oder Spendensammlungen organisieren, um Gutes zu tun und zeitgleich das Vermächtnis des Verstorbenen zu ehren.

Durch diese aktive Teilnahme und das aktive Engagement können Sie eine bedeutsame Verbindung zur verstorbenen Person aufrechterhalten und anderen Menschen helfen. Damit ermöglicht Ihnen die aktive Trauerarbeit, Ihren Schmerz und Ihre Trauer in positive Energie umzuwandeln und einen wichtigen Beitrag zur Gesellschaft zu leisten. Zusätzlich kann Ihnen die Zusammenarbeit mit Menschen, die ähnliche Verluste erlebt haben, eine stärkende und unterstützende Gemeinschaft bieten, die Ihnen dabei hilft, besser mit Ihrem Verlust umzugehen und neue Perspektiven zu entwickeln.

REFLEXION UND SELBSTREFLEXION

Reflexion und Selbstreflexion sind im Trauerprozess wichtige Schritte auf dem Weg zu einem Leben nach dem Verlust. Hierbei geht es in erster Linie darum, sich bewusst Zeit dafür zu nehmen, den eigenen Trauerprozess zu reflektieren und sich selbst besser zu verstehen. Während die Reflexion dabei das Überdenken von Gedanken, Gefühlen und Erfahrungen im Zusammenhang mit dem Verlust beinhaltet, geht die Selbstreflexion noch einen Schritt weiter und umfasst darüber hinaus auch die kritische Betrachtung der eigenen Gedanken, Verhaltensweisen und Reaktionen auf die Trauer.

Tagebuch führen

Das Führen eines Trauertagebuchs als Methode zur Bewältigung und zum Umgang mit der Trauer ist im Laufe dieses Buches schon mehrmals zum Ausdruck gekommen – und das zu Recht. Schließlich kann ein Trauertagebuch eine tragende Unterstützung während der Trauerbewältigung sein und Ihnen helfen, mit Ihrem Verlust besser umzugehen. Das Niederschreiben Ihrer Gedanken und Gefühle kann eine heilende Wirkung auf Ihre Seele haben. Ihr Trauertagebuch ist Ihr persönlicher stiller Begleiter, der Sie weder für Ihre Gefühle und Gedanken verurteilt noch unangenehme Fragen stellt. Vielmehr schenkt es Ihnen einerseits einen Raum, um Ihre Empfindungen ohne Druck oder Urteil auszudrücken und bietet Ihnen andererseits einen Rückzugsort, der ganz Ihnen gehört und den Sie mit niemand anderem teilen müssen.

Inspirationen zur Gestaltung eines Trauertagebucheintrags:

Datum:

Beginnen Sie jeden Eintrag mit dem aktuellen Datum, um Ihre Gefühle und Gedanken rückblickend besser einordnen und reflektieren zu können.

Tagesreflexion:

Denken Sie darüber nach, was am heutigen Tag geschehen ist, welche Dinge Sie erlebt und wie Sie sich gefühlt haben. Gab es heute besondere Erlebnisse oder bewegende Momente, die in Verbindung mit Ihrem Verlust stehen?

Erinnerung an besondere Momente:

Halten Sie besondere Erinnerungen und Erlebnisse, die Sie gemeinsam mit dem Verstorbenen erlebt haben, fest. Schreiben Sie über lustige Anekdoten, bewegende Momente oder schmerzliche Erlebnisse, die Sie mit dem Verstorbenen verbinden.

Ausdruck der eigenen Gefühle:
Schreiben Sie die Gefühle und Empfindungen, die Sie am heutigen Tag erlebt haben, offen und ehrlich nieder. Schenken Sie dabei jeder einzelnen Emotion, ganz gleich, wie dunkel oder schmerzhaft diese sein mag, Raum.

Gedankenströme:
Erlauben Sie sich, Ihre Gedanken frei fließen zu lassen, und schreiben Sie all das nieder, was Ihnen in den Sinn kommt. Fragen Sie sich dabei, welche Bedeutung Ihre Gedanken haben und wie Sie mit diesen umgehen können. Das kann Ihnen nicht nur dabei helfen, Ihre Gedanken zu sortieren, sondern Sie auch dabei unterstützen, Ihre Gefühle besser zu verstehen und zu verarbeiten.

Ausdruck von Dankbarkeit:
Halten Sie all die Dinge fest, für die Sie, trotz Ihrer Trauer und Ihres Schmerzes, dankbar sind. Das können zum Beispiel gemeinsame Erlebnisse mit der verstorbenen Person sein oder Dinge, die Sie erst während des Trauerprozesses zu schätzen gelernt haben.

Fragen, Zweifel und Unsicherheiten:
Halten Sie Fragen, Zweifel und Unsicherheiten, die Sie beschäftigen, in Ihrem Tagebuch fest, um sich mit Ihren Gedanken zu beschäftigen und mehr Klarheit finden zu können.

Kreative Elemente:

Integrieren Sie kreative Elemente in Ihre Tagebucheinträge. Das können zum Beispiel Fotos, Zeichnungen, Zitate, Gedichte oder kleine Gegenstände des Verstorbenen oder Erinnerungsstücke von gemeinsamen Erlebnissen mit der verstorbenen Person sein, wie ein Bonbonpapier oder eine Rechnung. Kreative Elemente können Ihnen nicht nur helfen, Ihre Einträge visuell interessanter zu gestalten, sondern Sie auch dabei unterstützen, Ihre Gefühle visuell auszudrücken.

Ausblick und Selbstreflexion als Abschluss:

Schließen Sie jeden Ihrer Einträge mit einer kurzen Selbstreflexion ab, indem Sie darüber nachdenken, was Sie der heutige Tag gelehrt hat, welche Erkenntnisse Sie gewonnen haben und welche Dinge, die heute nicht so gut gelaufen sind, Sie in Zukunft besser machen können. Überlegen Sie sich außerdem, welche Wünsche Sie für die Zukunft haben und welche Schritte Sie unternehmen möchten, um mit Ihrem Schmerz und Ihrer Trauer besser umzugehen.

Beispiel für einen Tagebucheintrag:

Tagebucheintrag

Datum:

Was ich heute erlebt habe:

Heute musste ich an dich denken, weil:

Heute fühle ich mich:

Mein heutiges Gedankenkarussell:

Was ich dich noch fragen wollte:

Ausblick und Selbstreflexion:

Fragen stellen und beantworten

Das Stellen und Beantworten von Fragen ist eine sehr wertvolle Selbsthilfemethode, um Ihren eigenen Trauerprozess zu reflektieren und diesen zu verstehen. Es hilft Ihnen dabei, Klarheit über Ihre eigenen Gedanken, Gefühle, Erfahrungen, Zweifel und Unsicherheiten, die im Zusammenhang mit dem Verlust stehen, zu erlangen, über diese nachzudenken und dadurch Ihr Trauererlebnis besser zu verstehen. Außerdem unterstützt Sie die Reflexion der Fragen dabei, sich persönlich weiterzuentwickeln und zu wachsen, neue Einsichten zu gewinnen, Ihre Resilienz zu stärken und neue Bewältigungsstrategien für Ihre Trauer zu entwickeln.

Anleitung:

- Finden Sie einen ungestörten und ruhigen Ort, an dem Sie Ihre Gedanken sammeln können und an dem Sie sich wohlfühlen.
- Setzen oder legen Sie sich bequem hin und schließen Sie Ihre Augen.
- Beginnen Sie die Übung mit einigen tiefen Atemzügen, um Ihren Geist zu zentrieren, zu entspannen und Ihre Aufmerksamkeit voll und ganz auf den gegenwärtigen Moment zu lenken. Fokussieren Sie sich darauf, bewusst und ruhig zu atmen.
- Formulieren Sie nun einige Fragen, die Sie sich selbst stellen möchten, um Ihren Trauerprozess zu reflektieren. Das könnten zum Beispiel folgende Fragen sein:

o Wie ist meine aktuelle Gefühlslage?

o Welche Gedanken tauchen in meinem Kopf auf, wenn ich an den Verlust denke?

o Was vermisse ich am meisten, wenn ich an die verstorbene Person denke?

o Gibt es unausgesprochene Worte oder ungeklärte Konflikte, die mich belasten?

o Welche Bewältigungsstrategien haben mir bislang geholfen, um mit meiner Trauer umzugehen?

o Welche Ressourcen und Unterstützungsmöglichkeiten kann ich in Anspruch nehmen?

- Nehmen Sie sich ausreichend Zeit, um über jede Frage nachzudenken und diese ehrlich zu beantworten. Betrachten Sie Ihre Gedanken und Gefühle, ohne dabei selbstkritisch zu sein oder sich zu verurteilen. Wenn es Ihnen hilft, können Sie die Antworten zu den Fragen gerne auch aufschreiben.
- Seien Sie geduldig mit sich selbst und nehmen Sie die Antworten so an, wie sie kommen. Es ist vollkommen normal, dass es Ihnen bei einigen Fragen schwerer fallen kann, diese zu beantworten.
- Beenden Sie die Übung, indem Sie etwas tun, das Sie entspannt und Ihnen Freude bereitet.

Glaubenssätze erkennen

Glaubenssätze sind tief verwurzelte Überzeugungen, die im Laufe des Lebens entstehen und unsere Wahrnehmung sowie unser Verhalten prägen. Sie fungieren oftmals als mentaler Anker, der uns in unsicheren Zeiten Stabilität bietet und uns hilft, die Welt um uns herum zu ordnen und zu verstehen. Glaubenssätze können allerdings auch eine Kehrseite haben. Insbesondere negative Glaubenssätze, die sich auf das Selbstbild und die eigenen Fähigkeiten beziehen, können erheblich limitierend wirken und uns davon abhalten, unser volles Potential zu entfalten, unseren Träumen zu folgen und unsere Lebensziele zu erreichen.

Beispiele für negative Glaubenssätze:

- „Ich bin alleine und niemand versteht, was ich durchmache."
- „Ich werde niemals über den Verlust hinwegkommen und nie wieder in meinem Leben glücklich sein."
- „Es ist meine Schuld, dass er gestorben ist."
- „Ich hätte mehr machen sollen, um den Tod zu verhindern."
- „Ich verdiene es nicht, glücklich zu sein."

Diese negativen Glaubenssätze können tief im Unterbewusstsein verankert sein und werden von vielen Menschen oftmals gar nicht bewusst wahrgenommen. Sie können Versagensängste, Selbstzweifel und eine generelle Angst vor der Zukunft auslösen und das Selbstvertrauen untergraben. Glücklicherweise sind Glaubenssätze jedoch nicht in Stein gemeißelt und können vielmehr verändert und neu geformt werden. Dieser Prozess der Veränderung von Glaubenssätzen mag zwar herausfordernd sein, ist aber absolut lohnenswert. Er öffnet nämlich die Möglichkeit, negative Überzeugungen loszulassen und ein positiveres und erfüllteres Leben zu führen.

Insbesondere während des Trauerprozesses kann Sie die Identifizierung von einschränkenden Glaubenssätzen oder Denkmustern dabei unterstützen, die Herausforderungen und Hindernisse auf Ihrem Weg zur Heilung zu erkennen und zu überwinden. Sie hilft Ihnen dabei, dem Zustand des Leidens oder der Stagnation zu entfliehen, neue Sichtweisen und positivere Überzeugungen zu erarbeiten, Hoffnung und Trost zu erlangen und neue Wege zu finden, um mit Ihrer Trauer umzugehen.

Anleitung:

- Suchen Sie sich einen ruhigen Ort und nehmen Sie sich Zeit, um sich bewusst zu machen, welche Überzeugungen und Gedanken in Ihrem Geist innewohnen.
- Beginnen Sie die Übung damit, einige Male tief ein- und wieder auszuatmen, um Ihre Aufmerksamkeit auf Ihre Gedanken zu lenken. Erlauben Sie sich, diese anzunehmen, ohne sie zu verurteilen oder zu bewerten.
- Nehmen Sie sich ein Blatt und einen Stift zur Hand und schreiben Sie all Ihre Gedanken, die Ihnen in den Sinn kommen, wenn Sie an Ihren Verlust denken, nieder. Notieren Sie, welche Glaubenssätze damit verbunden sind, seien Sie dabei offen und ehrlich zu sich selbst und halten Sie auch die negativen Gedanken fest.
- Lesen Sie sich Ihre Notizen durch und hinterfragen Sie die Denkmuster, die Sie identifizieren konnten. Fragen Sie sich selbst, ob diese Glaubenssätze rational sind und ob sie Sie bei Ihrem Trauerprozess unterstützen oder Sie eher daran hindern. Überlegen Sie, welche alternativen Denkmuster es gibt.
- Suchen Sie nach Belegen, die Ihre negativen Glaubenssätze entweder unterstützen oder diese widerlegen können. Gibt es zum Beispiel Erfahrungen oder Situationen, die Ihre Denkmuster stützen?
- Auf Grundlage Ihrer bisherigen Erkenntnisse entwickeln Sie nun positive Glaubenssätze, die Sie dabei unterstützen, Ihren Trauerprozess konstruktiv zu bewältigen. Achten Sie darauf, Ihre Überzeugungen dabei in einer positiven und affirmativen Sprache zu formulieren und diese aufzuschreiben. Nutzen Sie Phrasen wie „Ich bin fähig zu“, „Ich kann“ und „Ich vertraue darauf, dass“.

Dos:	Don'ts:
• „Es ist in Ordnung, meine Gefühle zuzulassen und zum Ausdruck zu bringen.“ • „Ich kann aus meinem Schmerz Kraft schöpfen.“ • „Ich vertraue darauf, dass mich diese Erfahrung stärker machen wird.“ • „Ich habe die Stärke, diese dunkle Zeit zu durchleben und daran zu wachsen.“ • Ich bin nicht alleine und es gibt Menschen, die mich unterstützen.“ • „Jeder Tag bringt neue Hoffnung und neue Chancen für Heilung.“	• „Ich bin für den Verlust verantwortlich und verdiene keine Heilung.“ • „Ich muss stark sein, um andere nicht zu belasten.“ • „Solange ich trauere, verdiene ich es nicht, glücklich zu sein.“ • „Ich bin schwach, weil ich immer noch traurig bin.“ • „Ich werde für immer traurig sein.“ • „Ich bin alleine und niemand versteht, was ich durchmache.“

- Nehmen Sie sich in regelmäßigen Abständen immer wieder Zeit, um Ihre Glaubenssätze zu prüfen und diese gegebenenfalls zu aktualisieren. Hinterfragen Sie dabei immer, ob Ihre Denkmuster noch gültig sind und Ihnen dabei helfen, Ihre Ziele im Prozess der Trauer zu erreichen.

RESSOURCEN NUTZEN UND UNTERSTÜTZUNG FINDEN

Für die Hinterbliebenen kommt der Tod eines geliebten Menschen einem Bruch mit Vertrautem gleich. Die Welt scheint zum Stillstand zu kommen, während das Leben um sie herum scheinbar unbeeindruckt weitergeht. Viele Trauernde fühlen sich dabei wie Bürger zweier Welten: Zwischen den Erinnerungen an vergangene Zeiten und der Realität des nie Wiederkehrenden befinden sie sich in einem fremden Land, das von Ängsten, emotionalen Turbulenzen, Unsicherheiten, drängenden Fragen, der verzweifelten Suche nach Sinn und dem allumfassenden Gefühl des Nichtverstehens gekennzeichnet ist.

Die meisten Menschen schaffen es, auch ohne den geliebten Menschen weiterzuleben. Nichtsdestotrotz sehnen sich viele trauernde Angehörige nach zusätzlicher Unterstützung, Aufmerksamkeit und Trost. Diese Hilfe kommt oftmals von Familienmitgliedern und Freunden, die dem Trauernden nahestehen. Darüber hinaus suchen viele Hinterbliebene aber auch Unterstützung bei externen Stellen – wie Selbsthilfegruppen oder Trauergruppen, Seelsorgern, Beratungsstellen, Ärzten und Psychotherapeuten – um sich mit anderen Menschen in ähnlichen Situationen auszutauschen, gegenseitige Unterstützung zu erfahren oder um professionelle Hilfe zu suchen.

Die therapeutische Unterstützung sowie die Trauertherapie spielen bei der Bewältigung des Verlustes eines geliebten Menschen eine zentrale Rolle. Der Verlust einer nahestehenden Person kann eine der schwierigsten Erfahrungen im Leben sein, die Hinterbliebene in ein dunkles Loch voller Schmerz, Trauer, Wut, Verzweiflung und Einsamkeit reißen kann. In solchen Zeiten kann qualifizierte professionelle Hilfe ein Anker für Hinterbliebene sein, der ihnen Unterstützung, Erleichterung und Orientierung bietet.

Die Trauertherapie ist eine spezialisierte Form der Psychotherapie, die zum Ziel hat, Trauernde dabei zu unterstützen, den Verlust eines geliebten Menschen zu verarbeiten, den damit einhergehenden Schmerz und die Trauer zu bewältigen, das emotionale Gleichgewicht wiederherzustellen und das Selbstwachstum zu fördern. Im Zuge dessen bietet ein erfahrener Therapeut einen sicheren Raum, in dem Trauernde ihre Gefühle frei von Angst oder Verurteilungen ausdrücken können. Mithilfe des therapeutischen Prozesses können sie lernen, ihre eigenen Gefühle besser zu verstehen, gesunde Bewältigungsstrategien zu entwickeln und dadurch sukzessiv einen Weg zu finden, ihr Leben trotz des schmerzhaften Verlustes weiterzuleben.

Grundsätzlich kann die Trauertherapie unterschiedliche Ansätze und Techniken umfassen, die an die individuellen Bedürfnisse des Patienten angepasst werden können. Hierzu gehören zum Beispiel die kognitive Verhaltenstherapie, die Gesprächstherapie, Achtsamkeitsübungen und die Kunsttherapie. Während der Trauertherapie arbeitet der Therapeut eng mit dem Patienten zusammen, um seine Bedürfnisse zu identifizieren und anschließend einen individuell auf ihn zugeschnittenen Behandlungsplan zu entwickeln.

Die therapeutische Unterstützung kann dabei nicht nur für eine Einzelperson angeboten werden, sondern auch für Familien und Gruppen. Die Vorteile, die eine Trauertherapie dabei mit sich bringt, sind vielfältig. Auf der einen Seite kann eine Trauertherapie dazu beitragen, Symptome von Angstzuständen und Depressionen zu lindern und die emotionale Belastung zu verringern. Auf der anderen Seite hilft sie dabei, das Selbstbewusstsein und die Resilienz Hinterbliebener zu stärken und gesunde Mechanismen zur Bewältigung der Trauer zu fördern. Außerdem schafft die Trauertherapie einen Raum für Selbstreflexion, die Entwicklung neuer Perspektiven und für persönliches Wachstum.

Die Suche nach qualifizierter professioneller Hilfe kann dabei über verschiedene Wege erfolgen. Zum einen können sich Betroffene an ihren Hausarzt oder an eine psychiatrische Klinik wenden, um eine Überweisung zu bekommen. Zum anderen können sie auch direkt nach einem auf Trauer und Verlust spezialisierten Therapeuten in ihrer Region suchen, indem sie sich an lokale Berufsverbände wenden oder Online-Suchmaschinen nutzen.

https://bit.ly/3wxcatm

Achten Sie bei der Auswahl des Therapeuten darauf, dass dieser auf Verlust und Trauer spezialisiert ist und bereits Erfahrung in der Trauertherapie gesammelt hat. Suchen Sie dafür zum Beispiel nach Qualifikationen und Zertifikaten und beziehen Sie darüber hinaus auch die Empfehlungen und Bewertungen anderer Patienten mit ein.

Für den Erfolg der Behandlung ist letztendlich immer eine positive therapeutische Beziehung entscheidend und es ist wichtig, dass Sie sich, wenn Sie sich für eine Trauertherapie entscheiden, dabei wohl und unterstützt fühlen. Sollten Sie allerdings das Gefühl haben, dass Ihr Therapeut nicht der richtige für Sie ist, zögern Sie bitte nicht, nach einer anderen Option zu suchen. Die für Sie richtige Unterstützung wird Ihnen dabei helfen, einen Weg zu finden, Ihre Trauer zu bewältigen und Ihr Leben nach dem Verlust wieder aufbauen und weiterleben zu können.

Empfehlungen für vertrauenswürdige Hilfe während der Trauer:

- Akuthilfe im Notfall – Telefonseelsorge:
  - 365 Tage im Jahr, rund um die Uhr, kostenfreier Anruf
  - Telefonnummern: 0800/1110111 und 0800/1110222
  - auch Beratungen im Chat, per E-Mail sowie persönlich vor Ort sind möglich
- Bundesverband Trauerbegleitung e. V.:
  - Fachverband für Trauerbegleitung
  - E-Mail: info@bv-trauerbegleitung.de
  - Telefonnummer: 05545/6990130
- AGUS – Angehörige um Suizid:
  - bundesweite Selbsthilfeorganisation für Trauernde
  - E-Mail: kontakt@agus-selbsthilfe.de
  - Telefonnummer: 0921/1500380
- DHPV – Deutscher Hospiz- und PalliativVerband e. V.:
  - bundesweite Interessenvertretung der Hospizbewegung und der Hospiz- und Palliativeinrichtungen Deutschlands
  - E-Mail: info@dhpv.de
  - Telefonnummer: 030/82007580
- Trauer- und Selbsthilfegruppen:
  - regelmäßige Treffen mit einer, in der Regel, festen Teilnehmerzahl
  - Suche z. B. via Online-Recherche, durch lokale Aushänge oder aufgrund von persönlichen Empfehlungen
- Adressen für Online-Ressourcen:
  - trauergruppe.de – Verzeichnis von über 350 Trauergruppen und Trauercafés in ganz Deutschland

o malteser.de – Trauerbegleitung von Kindern und Jugendlichen in vielen deutschen Städten

o trauer.org – online und offline Seminarangebote für Trauernde

o schreiben-als-bruecke.de – Trauerbegleitung per E-Mail, im Gruppenchat und im Einzelchat

o trauer.de – Trauerchats mit ausgebildeten Trauerbegleitern zu festen Zeiten

NEUANFANG UND ZUKUNFTSORIENTIERTE PLANUNG

Der Gedanke an einen Neuanfang ist im Trauerprozess oftmals mit gemischten Gefühlen verbunden, doch trotz all des Schmerzes birgt der Neuanfang auch die Möglichkeit zur Hoffnung. Es ist ein individueller Prozess, in dem Sie sich jeden Tag aufs Neue bewusst dafür entscheiden müssen, sich nicht in Ihrem Schmerz und der Vergangenheit zu verlieren, sondern vielmehr in Richtung Zukunft zu blicken und neue Wege zu beschreiten.

Ein Neuanfang bedeutet nicht, den Verlust oder sogar den verstorbenen Menschen zu vergessen. Vielmehr geht es währenddessen darum, einen Weg zu finden, um mit dem Schmerz und dem Verlust weiterleben und gleichzeitig trotzdem ein erfülltes Leben führen zu können. Dabei ist insbesondere eine zukunftsorientierte Planung wichtig, bei der Sie sich bewusst Ziele setzen und aktiv Schritte unternehmen, um diese auch zu erreichen.

Vision Board erstellen

Ein Vision Board ist ein kreatives Werkzeug, mit dem Sie Ihre Träume, Wünsche, Sehnsüchte und Lebensziele visuell darstellen und manifestieren können. Es entsteht, indem Sie Bilder, Illustrationen, Zitate und Texte zu einer Collage zusammenfügen, die Ihre persönlichen Visionen repräsentieren. Das Besondere an jedem Vision Board ist dabei seine Fähigkeit, Ihre Träume und Ziele klar zu visualisieren, was Ihnen wiederum helfen wird, unterbewusst die nächsten Schritte zu erkennen und bereits im Einklang mit Ihren Visionen zu handeln. Dadurch verlieren Ihre Zweifel an Macht und Sie ziehen automatisch Menschen, Chancen und Ereignisse an, die Sie auf Ihrem Weg zu Ihren Zielen unterstützen werden. Insbesondere während der Trauerbewältigung ist die Erstellung eines Vision Boards daher eine wundervolle Möglichkeit, um Ihren Fokus auf einen Neuanfang zu legen und aktiv an Ihrem eigenen Heilungsprozess teilzunehmen.

Anleitung:

Definieren Sie klare Ziele und Visionen:

- Finden Sie einen ruhigen Ort, an dem Sie sich etwas Zeit für sich selbst nehmen können.

- Nehmen Sie ein Blatt und einen Stift zur Hand, um Ihre Ziele und Visionen darauf festzuhalten, wie zum Beispiel:

  - unterstützende Beziehungen aufbauen und pflegen,
  - mehr Selbstliebe praktizieren,
  - gesunde Ernährungsgewohnheiten entwickeln,
  - eine ausgewogene Work-Life-Balance anstreben oder
  - mehr innere Ruhe und Gelassenheit finden.

- Seien Sie beim Aufschreiben mutig und träumen Sie groß. Notieren Sie all das, was Sie inspiriert und begeistert. Lassen Sie sich dabei nicht von negativen Gedanken aufhalten und erlauben Sie sich, groß zu denken. Erschaffen Sie Ihre eigene Vision und verfolgen Sie Ihre Träume.

• Um Ihre Ziele besser strukturieren zu können, gliedern Sie diese in die folgenden zehn Lebensbereiche:

o Liebe und Partnerschaft,

o Familie und Freundschaft,

o Gesundheit und Fitness,

o Geld und Finanzen,

o berufliche Erfüllung,

o Kreativität,

o Umgebung und Wohnort,

o Abenteuer und Freizeit,

o Spiritualität,

o gesellschaftliches Engagement und Sinn.

• Ordnen Sie nun jedes Ihrer Ziele einem Zeitrahmen zu. Setzen Sie sich zum Beispiel Ziele für das nächste Jahr, die nächsten fünf Jahre, die nächsten zehn Jahre oder sogar für die nächsten dreißig Jahre.

Gestalten Sie Ihre Ziele und Visionen visuell:

• Werden Sie kreativ und sammeln Sie Fotos, Texte, Zitate und Illustrationen, die Ihre Visionen visuell darstellen. Nutzen Sie dafür nach Herzenslust alles, was Ihre Ziele visuell widerspiegelt. Suchen Sie online nach passendem Material oder nutzen Sie zum Beispiel Zeitschriftenausschnitte.

• Ordnen Sie Ihr gesammeltes Material entsprechend Ihren Lebensbereichen, um eine klare Struktur für Ihr Vision Board zu schaffen.

Kreieren Sie Ihr Vision Board:
Für die Gestaltung Ihres Vision Boards sind Ihrer Kreativität keinerlei Grenzen gesetzt und es ist alles erlaubt, was Ihre Ziele und Visionen visuell repräsentiert. Dabei können Sie Ihr Vision Board entweder analog oder digital erstellen.

- **Analoges Vision Board:** Wählen Sie zunächst einen Untergrund für Ihr Vision Board aus. Das kann zum Beispiel ein Plakat, eine Pinnwand oder ein Holzbrett sein. Neben Ihren bereits gesammelten Materialien können Sie dafür auch andere Materialien, wie Nägel, Wollfäden, Glitzerfolie, Gips oder Holz, verwenden, um Ihr Vision Board zu einem einzigartigen Kunstwerk heranwachsen zu lassen.

- Digitales Vision Board: Ordnen Sie Ihre Ziele und Visionen, wie bei einer Collage, auf einem digitalen Medium an und nutzen Sie zur Erstellung zum Beispiel diverse Bildbearbeitungsprogramme.

  ○ Tipp: Das digitale Vision Board eignet sich hervorragend als Bildschirm- oder Handyhintergrund, sodass Sie jederzeit an Ihre Träume erinnert werden.

Finden Sie den perfekten Platz für Ihr Vision Board:
- Platzieren Sie Ihr Vision Board an einem Ort, an dem Sie es täglich sehen können. Dadurch werden Ihre Ziele und Visionen kontinuierlich in Ihrem Bewusstsein präsent sein und sich darüber hinaus auch sukzessiv in Ihrem Unterbewusstsein verankern können.

- Aktualisieren Sie Ihr Vision Board regelmäßig, um sich verändernde Ziele und Träume einzubeziehen.

Rituale für den Übergang

Rituale und symbolische Handlungen spielen im Trauerprozess eine wichtige Rolle, da sie helfen können, den Übergang von der Trauer zur Akzeptanz und dem Blick in die Zukunft zu unterstützen. Diese Rituale für den Übergang ermöglichen es Ihnen, Ihre Gefühle zum Ausdruck zu bringen, Ihre Erinnerungen in Ehren zu halten und neue Perspektiven zu entwickeln. Außerdem bieten Ihnen Rituale und symbolische Handlungen viel Spielraum zum Ausleben Ihrer Kreativität und Sie können diese nach Ihren individuellen Wünschen und Vorlieben anpassen und kombinieren.

Vorschläge für Rituale oder symbolische Handlungen:

Lichtzeremonie:

Suchen Sie sich einen ruhigen Ort und zünden Sie eine Kerze oder eine Laterne an. Betrachten Sie das Licht und lenken Sie Ihre Gedanken währenddessen auf die positiven Erinnerungen, die Sie mit der verstorbenen Person verbinden. Lassen Sie dabei das sanfte Licht als Symbol der Erneuerung und der Hoffnung wirken und öffnen Sie sich gleichzeitig für die Zukunft.

Pflanzung:

Suchen Sie sich eine Blume oder einen Baum aus, der Ihnen Trost spendet und für Sie eine besondere Bedeutung hat. Pflanzen Sie die Blume oder den Baum nun an einem Ort, der in Ihnen positive Erinnerungen weckt oder Ihnen Hoffnung und Ruhe vermittelt. Die regelmäßige Pflege der Pflanze kann Sie dabei unterstützen, sich mit der Natur zu verbinden. Zur selben Zeit symbolisiert sie außerdem Wachstum und Neuanfang.

Klangmeditation:
Nutzen Sie Klanginstrumente, wie beispielsweise Windspiele, Klangschalen oder Gongs, als symbolische Handlungen. Lassen Sie die Klänge dabei auf Ihren Körper und Ihren Geist wirken und nehmen Sie sich einen Moment lang Zeit, um in sich zu gehen und Ihre Gedanken und Emotionen zu reflektieren. Die Klangmeditation kann Sie dabei unterstützen, eine meditative Atmosphäre zu schaffen, innere Ruhe zu finden und neue Sichtweisen zu entwickeln.

Wasserritual:
Finden Sie einen ruhigen Ort am Wasser. Das kann zum Beispiel ein See, ein Fluss oder das Meer sein. Nehmen Sie sich Zeit, Ihre Gedanken und Emotionen zu reflektieren. Gehen Sie in sich und rufen Sie positive Erinnerungen an den Verstorbenen hervor. Anschließend können Sie einen Gegenstand, der Ihre Trauer symbolisch repräsentiert, ins Wasser geben und ihn dort loslassen, während Sie sich zur selben Zeit auf den Weg in einen neuen Lebensabschnitt begeben.

Reflexionsweg:
Suchen Sie einen Ort in der Natur auf, der für Sie Frieden und Ruhe ausstrahlt. Das kann zum Beispiel ein Park, ein See oder ein Wald sein. Während Sie an diesem Ort entlangspazieren, nehmen Sie sich Zeit, um Ihre Gedanken und Gefühle zu reflektieren. Visualisieren Sie, wie Sie Ihre Trauer mit jedem Schritt, den Sie gehen, hinter sich lassen und sich auf einen Pfad neuer Möglichkeiten begeben.

Zukunftsplanung

Die Zeit nach einem Verlust ist häufig von Unsicherheit und Veränderung geprägt und Hinterbliebenen fällt es oftmals schwer, optimistisch in die Zukunft zu blicken. Dennoch kann eine durchdachte Zukunftsplanung ein wichtiger Schritt für die persönliche Entwicklung und den Aufbau eines neuen Lebens nach einem Verlust sein. Eine Zukunftsplanung ermöglicht es den Hinterbliebenen dabei, Ziele in verschiedenen Lebensbereichen zu setzen und einen klaren Weg zu definieren, der sie zu einem sinnvollen und erfüllten Leben führen kann. Außerdem ermöglicht es die Zukunftsplanung auch, sich aktiv mit der eigenen Trauer auseinanderzusetzen und sich auf die positiven Veränderungen zu konzentrieren. Anstatt sich ausschließlich auf den Verlust zu fokussieren, vermittelt sie ein Gefühl von Kontrolle und Selbstbestimmung und eröffnet neue Perspektiven und Möglichkeiten für die Zukunft.

Anleitung:

Selbstreflexion und Selbstklärung:

- Finden Sie einen ruhigen Ort, an dem Sie ungestört nachdenken können.

- Denken Sie über Ihre Vergangenheit, Ihre Stärken, Ihre Schwächen und Ihre persönlichen Werte nach.

- Überlegen Sie nun, was Ihnen im Leben wichtig ist und welche Ziele Sie erreichen möchten.

- Identifizieren Sie die Lebensbereiche, in denen Sie sich weiterentwickeln möchten.

Festlegen klarer Ziele:

• Definieren Sie klare und konkrete Ziele, die Sie in der Zukunft erreichen möchten. Diese Ziele können zum Beispiel verschiedene Lebensbereiche, wie Beziehungen, Gesundheit oder Karriere, umfassen.

• Machen Sie Ihre Ziele messbar, indem Sie einen Zeitrahmen festlegen, an dem Sie sich orientieren können. Das wird Ihnen helfen, sich selbst zu motivieren und Ihren eigenen Fortschritt verfolgen zu können.

Entwicklung eines Aktionsplans:

• Teilen Sie Ihre Ziele in kleine und realistische Schritte auf.

• Denken Sie darüber nach, welche Fähigkeiten, Ressourcen und welche Unterstützung Sie benötigen, um Ihre Ziele zu erreichen.

• Erstellen Sie einen Zeitplan.

• Legen Sie konkrete Maßnahmen fest, die Sie ergreifen werden, um Ihre Ziele Wirklichkeit werden zu lassen.

Flexibilität und Offenheit für Veränderungen bewahren:

• Bleiben Sie flexibel und offen und passen Sie Ihren Plan an, sollten sich Ihre Umstände, Bedürfnisse oder Ziele verändern.

• Betrachten Sie die Herausforderungen auf Ihrem Weg als Möglichkeiten zum persönlichen Wachstum und zur Transformation.

Visualisierung des Erfolges:

• Greifen Sie auf verschiedene Visualisierungstechniken zurück, um sich vorstellen zu können, wie es sich anfühlen wird, Ihre Ziele erreicht zu haben.

• Stellen Sie sich Ihr zukünftiges Leben, Ihre Beziehungen und Ihren beruflichen Erfolg vor Ihrem inneren Auge vor. Das wird nicht nur Ihre Motivation, sondern auch Ihren Fokus stärken.

Selbstfürsorge:

- Kümmern Sie sich regelmäßig um Ihr körperliches, geistiges und emotionales Wohlbefinden und gönnen Sie sich immer wieder Zeit für Entspannung, Selbstpflege und Selbstreflexion.

Unterstützung:

- Suchen Sie bei Familienangehörigen, Freunden, Therapeuten oder in Selbsthilfegruppen nach Unterstützung, wenn Sie auf Ihrem Weg nicht weiterkommen sollten. Scheuen Sie auch niemals davor zurück, professionelle Hilfe in Anspruch zu nehmen, sollten Sie das Gefühl haben, Unterstützung zu benötigen, um mit Ihrer Trauer umzugehen und gleichzeitig Ihre Ziele zu erreichen.

Informationen für Angehörige und Freunde

EINFÜHLSAME KOMMUNIKATION

In der Phase der Trauer erleben Hinterbliebene einen Ausnahmezustand, der sowohl körperliches als auch seelisches Leiden mit sich bringt. Es fällt ihnen schwer, den normalen Alltag zu bewältigen und sich zu organisieren. Gleichzeitig fehlt ihnen oftmals die Kraft und die Energie, aktiv um Unterstützung und Hilfe zu bitten. Deshalb ist es umso wichtiger, dass Menschen aus dem sozialen Umfeld der Trauernden den Mut aufbringen, auf sie zuzugehen und ihnen ihre Unterstützung anzubieten.

Das Hauptziel besteht dabei jedoch nicht primär darin, dem Trauernden Trost zu spenden, da das oftmals gar nicht möglich ist. Vielmehr geht es zunächst darum, gemeinsam mit dem Hinterbliebenen das Gefühl der Ohnmacht auszuhalten, ihm in dieser schweren Zeit beizustehen und ihm einfühlsam zuzuhören sowie mit ihm zu kommunizieren.

Aktives Zuhören

In den ersten Wochen und Monaten nach dem Verlust kreisen die Gespräche des Trauernden ständig um dieselben Themen, da er versucht, das Unbegreifliche zu verarbeiten. Die tiefe Verzweiflung des Trauernden kann für Angehörige oftmals äußerst belastend und nur schwer zu ertragen sein, da sie von den starken Emotionen des Trauernden tief berührt werden. Häufig werden Angehörige außerdem mit ihren eigenen Ängsten und Schmerzen konfrontiert und das Bewusstsein um ihre eigene Sterblichkeit kann widersprüchliche Gefühle hervorrufen. Manchmal können sich Angehörige selbst hilflos, irritiert oder abgewiesen angesichts der Situation fühlen. Sie können Tränen des Mitgefühls oder der eigenen Betroffenheit verspüren und möglicherweise Schwierigkeiten haben, angemessene Worte zu finden.

Auch wenn sich der Trauernde immer wieder mit denselben Themen beschäftigt, ist es trotzdem wichtig, für ihn da zu sein und ihm immer wieder aufmerksam zuzuhören. Dabei sollten nahestehende Personen nicht versuchen, den Trauernden mit ihren eigenen Erfahrungen in seiner Trauer zu belasten, da Trauer immer individuell ist und nicht verglichen werden kann. Es gibt keine Worte, die einen Verlust leichter machen könnten. Stattdessen sollten Angehörige dem Trauernden Anteilnahme und Mitgefühl entgegenbringen, indem sie ihm ihre gesamte Aufmerksamkeit schenken und ihm immer wieder ihre Hilfe und Unterstützung anbieten.

Anleitung – aktives Zuhören:

Paraphrasierung des Gesagten:

- Wiederholen Sie in eigenen Worten, was Ihr Gesprächspartner gesagt hat. Dadurch zeigen Sie, dass Sie aufmerksam zugehört haben, und ermöglichen es Ihrem Gegenüber gleichzeitig, etwaige Missverständnisse zu klären, falls Sie etwas falsch verstanden haben sollten.

Verbalisierung von Gefühlen:

- Drücken Sie die Gefühle Ihres Gesprächspartners in Ihren eigenen Worten aus, um zu zeigen, dass Sie seine Emotionen verstehen. Sie könnten zum Beispiel sagen: „Es scheint, als ob du dich wirklich intensiv mit diesem Thema beschäftigt hast." Dadurch zeigen Sie Empathie und Respekt für die Gefühle Ihres Gegenübers.

Nachfragen:

- Fragen Sie nach, wenn Sie etwas nicht ganz verstanden haben. So vermeiden Sie Missverständnisse und zeigen, dass Sie aktiv zuhören und wirklich am Gespräch interessiert sind und darüber nachdenken.

Halten von Blickkontakt und nonverbale Zustimmung:

- Durch Blickkontakt signalisieren Sie Interesse und durch ein Lächeln oder ein Nicken zeigen Sie Verständnis und Zustimmung. Diese nonverbalen Signale helfen dabei, eine positive Gesprächsatmosphäre zu erschaffen.

Erklärung von Unklarem:

- Achten Sie darauf, ob Ihr Gesprächspartner etwas vielleicht nicht ganz verstanden hat, und bieten Sie ihm an, Unklarheiten zu erklären. Das erleichtert ihm nicht nur das Verständnis, sondern zeigt auch Ihre Bereitschaft, das Gespräch konstruktiv zu gestalten.

Tipp:
Setzen Sie diese Techniken nicht übertrieben ein. Übermäßiges Paraphrasieren und ein erzwungener Blickkontakt können schnell unangenehm wirken.

Empathie zeigen

Jeder Mensch durchläuft seinen individuellen Trauerprozess und jeder Betroffene trauert unterschiedlich. Was jedoch allen Trauernden in dieser schweren Phase ihres Lebens guttut, sind Mitgefühl und Unterstützung durch nahestehende Menschen. Manchmal reicht es dabei bereits aus, den Trauernden einfach nur in den Arm zu nehmen und ihm zu zeigen, dass er mit seinem Schmerz nicht allein ist. Manchmal sind auch nur wenige Worte ausreichend, um Trost zu spenden. Ein stummer Händedruck oder ein tiefes Verständnis durch einen Blick kann bereits viel bedeuten und es ist nicht immer notwendig, Worte zu finden.

Wenn Sie sich unsicher sind, was Sie sagen sollen, seien Sie ehrlich und kommunizieren Sie das offen, indem Sie zum Beispiel zugeben, dass es Ihnen schwerfällt, Hilfe anzubieten, und dass Sie Angst haben, etwas Falsches zu sagen. Auf diese Weise erfährt der Trauernde, dass er nicht allein ist und sich auf Ihre Unterstützung verlassen kann. Es ist immer besser, ehrlich zu sein, als gar nichts zu sagen. Denn auch wenn Stille oft aus Hilflosigkeit resultiert, kann sich der Trauernde dadurch sehr alleingelassen fühlen. Ein offenes und aufrichtiges Gespräch kann die Situation hingegen entspannen.

Anleitung:

- Finden Sie einen ruhigen Ort, an dem Sie ungestört sind und sich entspannen können.
- Setzen oder legen Sie sich bequem hin, schließen Sie Ihre Augen und visualisieren Sie vor Ihrem inneren Auge die Situation, in der sich der Trauernde befindet. Versuchen Sie dabei, sich in die trauernde Person hineinzuversetzen und sich vorzustellen, wie es sich anfühlt, den Verlust zu erleben und die Trauer bewältigen zu wollen.
- Lenken Sie Ihre Aufmerksamkeit auf Ihre Atmung und nehmen Sie einige tiefe Atemzüge. Spüren Sie, wie Sie sich zunehmend entspannen und sich Ihre Gedanken klären.
- Reflektieren Sie Ihre eigenen Erfahrungen mit Trauer und Verlust und versuchen Sie, sich an die Momente zu erinnern, in denen Sie ähnliche Gedanken und Gefühle empfunden haben. Denken Sie darüber nach, wie Sie sich dabei gefühlt haben.
- Nehmen Sie sich nun ein Blatt und einen Stift zur Hand und schreiben Sie einen Brief, eine Geschichte oder ein Gedicht aus der Perspektive des Trauernden. Lassen Sie dabei all Ihre Gedanken und Gefühle in die Zeilen einfließen und schreiben Sie, als wären Sie selbst in der Situation.
- Nachdem Sie versucht haben, die Perspektive des Trauernden einzunehmen, teilen Sie Ihre Gedanken und Empfindungen mit einer nahestehenden Person. Offenbaren Sie ihr, was Sie gedacht und wie Sie sich gefühlt haben, und überlegen Sie, was Sie tun könnten, um sich noch besser in den Trauernden einfühlen zu können.
- Nehmen Sie sich abschließend einen Moment lang Zeit, um über Ihre Gefühle und Reaktionen, die während der Übung in Ihnen aufgekommen sind, nachzudenken. Überlegen Sie, wie Sie Ihr Verständnis und Ihr Mitgefühl dem Trauernden gegenüber noch weiter verbessern können.

Fragen stellen

Der Tod wird häufig noch als Tabuthema betrachtet, weshalb viele Menschen zögern, Fragen dazu zu stellen. Einige könnten sogar denken, dass es unangemessen oder pietätlos sei, über den Tod oder die Trauer zu sprechen – oftmals ist das aber gar nicht der Fall. Tatsächlich schätzen Trauernde es nämlich, wenn ihnen Anteilnahme entgegengebracht wird und sie das Gefühl haben, dass ihre Trauer respektiert wird. Natürlich ist es wichtig, dabei einfühlsam und sensibel zu sein. Fragen wie „Wie war die verstorbene Person?", „Was vermisst du an ihr am meisten?" oder „Woran erinnerst du dich am liebsten?" sind jedoch Fragen, über die Trauernde sicherlich gerne sprechen und ihre Gefühle offenbaren möchten.

Anleitung:

Die richtigen Fragestellungen:

- Bevor Sie damit beginnen, Fragen zu stellen, sollten Sie sich darüber bewusst werden, ausschließlich sensible und angemessene Fragestellungen im Zusammenhang mit dem Verlust und der Trauer zu stellen. Angemessene Fragen können zum Beispiel sein:
  - „Wie fühlst du dich heute?"
  - „Gibt es besondere Erinnerungen, die du teilen möchtest?"
  - „Was hilft dir am meisten, um mit deiner Trauer umzugehen?"
- Vermeiden Sie Fragen, die den Trauernden möglicherweise unbehaglich machen könnten und unangemessen sind, wie zum Beispiel:
  - „Warum bist du immer noch so traurig?"
  - „Wie viel Geld hast du geerbt?"
  - „Hast du nicht langsam genug getrauert?"

Gegenwärtigkeit und Mitgefühl:

- Achten Sie darauf, dass Sie voll und ganz präsent sind und dem Trauernden Ihre ungeteilte Aufmerksamkeit schenken. Seien Sie außerdem sensibel und zeigen Sie Mitgefühl für seine Umstände.

Start mit offenen Fragen:

- Beginnen Sie das Gespräch mit offenen Fragen, die Ihrem Gegenüber Raum für ausführliche Antworten bieten. Fragen Sie zum Beispiel „Wie geht es dir in letzter Zeit?“, „Wie fühlst du dich?“ oder „Was sind deine Erinnerungen an die verstorbene Person?“.

Aktives Zuhören:

- Hören Sie aufmerksam und aktiv zu, wenn Ihnen der Trauernde antwortet.
- Unterbrechen Sie ihn nicht und erlauben Sie ihm, seine Gedanken auszudrücken.
- Bringen Sie ihm Verständnis für seine Gefühle entgegen und äußern Sie Ihr Mitgefühl.

Vermeidung von Vergleichen und Bewertungen:

- Vergleichen Sie den Verlust oder die Trauer Ihres Gegenübers nicht mit anderen Situationen und bewerten Sie diese auch nicht. Jeder Mensch erlebt Trauer auf seine ganz eigene Art und Weise.
- Während des Gesprächs sollte der Fokus auf dem Trauernden liegen. Vermeiden Sie es deshalb, von Ihren eigenen Gefühlen oder Erfahrungen zu sprechen, es sei denn, Ihr Gegenüber bittet Sie darum.

Unterstützung anbieten:

- Bieten Sie dem Trauernden Ihre Unterstützung an und zeigen Sie ihm, dass Sie für ihn da sind, wenn er Sie braucht.

- Seien Sie bereit, ihm zuzuhören, Rat zu geben oder praktische Hilfe anzubieten, wenn nötig.

Grenzen respektieren:

- Respektieren Sie die Grenzen Ihres Gegenübers und drängen Sie ihn nicht dazu, zu sprechen, wenn er dazu nicht bereit ist. Seien Sie stattdessen geduldig und geben Sie ihm Zeit und Raum, seine Gefühle zu verarbeiten.

Sorgfältige Wortwahl:

- Seien Sie respektvoll, nutzen Sie einfühlsame Worte und vermeiden Sie verletzende oder triggernde Ausdrücke.

Geduld und Empathie:

- Seien Sie in jedem Fall einfühlsam und geduldig und geben Sie dem Trauernden die Zeit, die er benötigt, um seine Gedanken und Gefühle zum Ausdruck zu bringen. Zeigen Sie immer Verständnis und Empathie für seinen Schmerz.

Geduld und Akzeptanz

Trauernde durchleben im Laufe des Trauerprozesses eine emotionale Achterbahn der Gefühle und brauchen Zeit, um mit ihrem Verlust umzugehen und sich an die veränderte Realität zu gewöhnen. In dieser herausfordernden Zeit sollten Sie als Angehöriger vor allem geduldig sein und dem Trauernden Raum geben, um seine Gefühle zu durchleben, ohne dabei Druck auszuüben oder Erwartungen zu haben.

Jeder Mensch durchläuft den Trauerprozess auf seine eigene Art und Weise. Daher ist es wichtig, die Individualität des Trauerwegs zu akzeptieren und zu respektieren. Durch Geduld und Akzeptanz können Sie jedoch eine unterstützende und einfühlsame Atmosphäre schaffen, die es dem Trauernden ermöglicht, seine Gefühle auszudrücken und die Trauer zu verarbeiten. Diese liebevolle Unterstützung trägt letztendlich auch dazu bei, die Beziehung zwischen Ihnen und dem Betroffenen zu stärken und seinen Heilungsprozess zu fördern, während Sie die Zeit der Trauer gemeinsam überstehen.

Anleitung – Achtsame Atemübung für Geduld und Akzeptanz:

- Finden Sie einen ruhigen Ort, an dem Sie ungestört sind und sich entspannen können.
- Setzen oder legen Sie sich bequem hin und schließen Sie behutsam Ihre Augen.
- Lenken Sie Ihre Aufmerksamkeit nun auf Ihre Atmung und spüren Sie, wie Sie ein- und ausatmen, ohne etwas daran verändern zu wollen.
- Spüren Sie, wie sich Ihre Bauchdecke mit jedem Atemzug anhebt und absenkt. Konzentrieren Sie sich vollkommen auf diesen natürlichen Ablauf.
- Nehmen Sie wahr, wie Ihre Gedanken mit jedem Atemzug ruhiger werden, und erlauben Sie es sich, einfach nur zu sein. Akzeptieren Sie das Hier und Jetzt, ohne es verändern zu wollen.
- Wenn Gefühle oder Gedanken auftauchen sollten, die Sie von Ihrer Atmung ablenken wollen, beobachten Sie diese urteilsfrei und lassen Sie sie sanft davonziehen, bevor Sie wieder zu Ihrer Atmung zurückkehren.

- Erlauben Sie es sich, alles zu fühlen, was gerade auf Sie zukommt, und nehmen Sie jede Emotion an, ohne diese verurteilen oder unterdrücken zu wollen.
- Sollten Schwierigkeiten oder Widerstände auftreten, versuchen Sie, diese anzunehmen und nicht gegen sie anzukämpfen.
- Erlauben Sie es sich, genauso zu sein, wie Sie sind.
- Beenden Sie die Übung, indem Sie langsam und behutsam Ihre Augen öffnen und ruhig und gelassen in den Raum zurückkehren.
- Nehmen Sie sich abschließend noch einmal einen Moment lang Zeit, um zu reflektieren, wie Sie sich nach dieser Übung fühlen und welche Erkenntnisse Sie daraus gewonnen haben.

EMPATHIE UND UNTERSTÜTZUNG ZEIGEN

Trauer ist für die psychische Gesundheit von enormer Bedeutung, allerdings gewährt die Gesellschaft den Trauernden oftmals nur wenig Zeit, sich an die neue Realität anzupassen. Stattdessen wird von Trauernden oftmals erwartet, dass sie sich schnell wieder in die Normalität einfügen und so weiterleben, als ob nichts geschehen wäre. Diese gesellschaftlichen Erwartungen können die Trauerarbeit der Betroffenen jedoch erheblich beeinträchtigen.

Als Angehöriger können Sie einem trauernden Menschen bei seiner Trauerbewältigung am besten helfen, indem Sie ihm aktiv zuhören, Verständnis zeigen und Unterstützung anbieten. Oftmals reichen bereits wenige einfühlsame Worte aus, um die Gefühle des Trauernden zu verbalisieren und Mitgefühl zu zeigen. Manchmal kann es auch helfen, die eigene Hilflosigkeit und Anteilnahme zu äußern, um dem Trauernden zu zeigen, dass er nicht alleine ist.

Gehen Sie auf den Trauernden zu und nennen Sie während des Gesprächs immer wieder den Namen der verstorbenen Person. Der Trauernde denkt ohnehin oft an sie, daher wird es ihn nicht zusätzlich verletzen, wenn Sie über den Verstorbenen sprechen. Im Gegenteil, indem Sie den verstorbenen Menschen bewusst beim Namen nennen, zeigen Sie, dass Sie einfühlsam sind und sich dem Trauernden gegenüber öffnen.

Wiederholen Sie das Gesagte Ihres Gegenübers in eigenen Worten, um ihm zu zeigen, dass Sie ihm aufmerksam zugehört haben, und um mögliche Missverständnisse zu klären. Drücken Sie dabei auch die Gefühle des Trauernden in Ihren eigenen Worten aus, um Empathie und Respekt zu zeigen. Wenn Sie etwas nicht ganz verstanden haben, ist es ratsam, nachzufragen, um sowohl Missverständnisse zu vermeiden als auch Interesse am Gespräch zu signalisieren. Durch Blickkontakt, Lächeln und Nicken können Sie Zustimmung und Verständnis ausdrücken und damit eine positive Gesprächsatmosphäre schaffen. Außerdem ist es wichtig, auf mögliche Unklarheiten bei der trauernden Person zu achten und ihm anzubieten, diese zu erklären.

Trauer hat viele Gesichter – Weinen, Klagen, Jammern oder Wutausbrüche. Diese unterschiedlichen Ausdrucksformen brauchen Raum und Akzeptanz. Häufig finden Trauernde Erleichterung, wenn sie ihre Gefühle zum Ausdruck bringen können. Allerdings können Angehörige mit der Trauer des anderen überfordert sein und so möglicherweise versuchen, den Trauernden abzulenken oder mit aufmunternden Worten wieder zurück auf die Spur zu bringen. Floskeln wie „Die Zeit heilt alle Wunden“ sind jedoch nur wenig hilfreich, da sie kaum Verständnis und Unsicherheit im Umgang mit Verlusten und dem Tod zeigen und die Trauer entwerten.

Don'ts in der Kommunikation	Dos in der Kommunikation
• „Die Zeit heilt alle Wunden." • „Alles wird wieder gut." • „Du bist doch noch so jung." • „Es war Gottes Plan." • „Du solltest nicht so viel weinen." • „Es wird Zeit, dass du darüber hinwegkommst." • „Ich weiß genau, wie du dich fühlst."	• „Wie fühlst du dich heute?" • „Kann ich dir heute etwas zu essen vorbeibringen?" • „Ich bin hier für dich, wenn du reden möchtest." • „Ich denke an dich und sende dir mein tiefstes Mitgefühl." • „Nimm dir die Zeit, die du brauchst, um zu trauern. Ich bin für dich da." • „Es ist in Ordnung, deine Gefühle zu zeigen." • „Ich kann mir nicht vorstellen, wie schwer das für dich sein muss, aber ich bin an deiner Seite."

Zusätzlich setzt ein schneller Übergang zurück in den Alltag, zum Beispiel durch eine schnelle Rückkehr zum Arbeitsplatz und damit zur Normalität, den Trauernden weiter unter Druck und blockiert die Trauerarbeit. Anstatt die Trauer ignorieren oder unterdrücken zu wollen, sollten sich Nahestehende vielmehr für die Trauer des anderen öffnen und ihr Raum geben. Da jeder Mensch Verluste in seinem eigenen Tempo verarbeitet, können Trauergefühle auch nach Monaten oder Jahren noch präsent sein. Daher ist es wichtig, diese Tatsache zu akzeptieren und den Trauernden zu jeder Zeit in seinem individuellen Prozess zu unterstützen und sich immer wieder zu vergewissern, wie es ihm geht.

Geben Sie dem Trauernden Zeit und Raum, um seine Gedanken und Gefühle zum Ausdruck zu bringen, und unterbrechen oder verurteilen Sie ihn dabei nicht. Zeigen Sie Geduld, Einfühlungsvermögen und Mitgefühl für seine Situation. Vermeiden Sie es auf der anderen Seite jedoch, ihm Ratschläge zu geben oder zu versuchen, die Emotionen des Trauernden verändern zu wollen. Sehen Sie außerdem unbedingt davon ab, Vergleiche zu Erfahrungen, die Sie gesammelt haben, zu ziehen.

Während des Trauerprozesses kann es außerdem dazu kommen, dass sich die trauernde Person zurückzieht, Anrufe nicht entgegennimmt oder die Tür nicht öffnet. In solchen Situationen ist es wichtig, Zurückweisungen nicht persönlich zu nehmen, beharrlich zu bleiben und immer wieder den Kontakt zu suchen. Wenn die Reaktion trotzig ausfällt, könnte das ein Hinweis auf fehlende Zuneigung sein. Trotzdem wird sich der Kontaktversuch letztendlich als erfolgreich erweisen und der Trauernde wird im Nachhinein dankbar für Ihr Engagement sein. Auf der anderen Seite sollten Sie die Wünsche des Trauernden allerdings immer auch respektieren, insbesondere wenn er klar äußert, dass er Ruhe braucht und eine Zeit lang allein sein möchte. Dennoch können Sie auf sensible Weise immer wieder nachfragen, wie es ihm geht, und vorschlagen, vorbeizukommen, im Alltag zu helfen oder etwas zu unternehmen. Manchmal benötigen Trauernde einen sanften Anstoß, um nicht länger allein mit ihrer Trauer zu sein.

Ratschläge für aktives Zuhören:

- Präsenz zeigen, aufmerksam bleiben und Ablenkungen minimieren
- Unterbrechungen vermeiden und sich vollkommen auf das Gespräch konzentrieren
- Offenheit für neue Vorschläge
- kein zwanghaftes Festhalten an der eigenen Meinung
- Signalisierung von Interesse
- offene Fragen stellen
- Vermeidung von Urteilen und Ratschlägen
- Empathie, Mitgefühl, Geduld, Akzeptanz und Verständnis zeigen und sich in die Lage des anderen hineinversetzen
- Wiederholungen und Paraphrasierungen der Worte des Trauernden
- Ausdruck nonverbaler Unterstützung

PRAKTISCHE UNTERSTÜTZUNG IM ALLTAG

Stirbt ein geliebter Mensch, kann die Trauer für die Hinterbliebenen überwältigend sein und alle anderen Gefühle überschatten. Vielen Hinterbliebenen fällt es dann schwer, zusätzlich zu ihrer Trauer auch noch die täglichen Herausforderungen des Alltags zu bewältigen. In dieser schwierigen Zeit ist die praktische Unterstützung durch Angehörige für den Trauernden von unschätzbarem Wert. Diese Unterstützung kann in vielerlei Formen angeboten werden und sollte an die individuellen Bedürfnisse und an die Situation des Trauernden angepasst werden. Praktische Unterstützung kann auf der einen Seite zum Beispiel die Hilfe im Haushalt, das Erledigen von Einkäufen, das Reinigen des Hauses, die Zubereitung von Mahlzeiten, Wäsche waschen oder Gartenarbeit umfassen. Insbesondere in den ersten Wochen und Monaten nach dem Verlust können gerade diese alltäglichen Aufgaben für den Trauernden eine enorme Belastung darstellen und vielen Hinterbliebenen fällt es schwer, sich um diese vermeintlich einfachen Aufgaben zu kümmern. Auf der anderen Seite ist aber auch die emotionale Unterstützung genauso wichtig. Angehörige sollten dem Trauernden aktiv zuhören, ihm ein offenes Ohr für seine Gefühle und Gedanken anbieten und ihm Verständnis und Empathie für seine Trauer entgegenbringen.

Neben den Aufgaben des täglichen Lebens können Angehörige den Trauernden zu Arztbesuchen, Therapiesitzungen, Apothekengängen oder zu anderen Terminen begleiten, um ihm Unterstützung und Sicherheit zu bieten. Ihre Hilfe kann dabei nicht nur sehr entlastend sein, sondern auch dabei helfen, den Druck erheblich zu mindern, Stress zu verringern und den Trauernden dabei unterstützen, sich auf seine emotionale Heilung zu konzentrieren. Darüber hinaus können aber auch die Organisation von Trauerveranstaltungen sowie die Beerdigung eine wahre Überwältigung und Herausforderung für die trauernde Person sein. Angehörige können an dieser Stelle unterstützen, indem sie dem Trauernden bei der Planung und Durchführung helfen, administrative Aufgaben übernehmen oder ihm einfach nur emotionalen und seelischen Beistand leisten. So könnten Sie zum Beispiel bei der Kontaktaufnahme mit einer Trauerhalle oder einer Kirche helfen, um einen Ort für die Trauerveranstaltung zu reservieren, die Koordination mit dem Bestattungsinstitut oder dem Friedhof übernehmen, Einladungen erstellen und versenden oder Blumenarrangements organisieren. Auf der anderen Seite können Angehörige emotionalen und seelischen Beistand leisten, indem sie einfach da sind, dem Hinterbliebenen zuhören, ihm Mitgefühl und Empathie zeigen und ihn dazu ermutigen, seine Gefühle und Erinnerungen an den Verstorbenen zum Ausdruck zu bringen.

Praktische Unterstützung sollte dabei aber nicht nur kurzfristig sein, denn einige Trauernde sind auch über einen längeren Zeitraum auf die Hilfe ihrer Angehörigen angewiesen. Der Trauerprozess ist oftmals langwierig und kann mehrere Monate oder sogar Jahre andauern. In dieser Zeit ist die kontinuierliche Präsenz und Unterstützung von Angehörigen von großer Bedeutung. Selbst nach Wochen und Monaten sollten Angehörige deshalb für die trauernde Person da sein, um sie zu ermutigen, ihr zuzuhören und sie bei Bedarf auch zu unterstützen. Für Angehörige ist es dabei unheimlich wichtig, einfühlsam zu sein und die Bedürfnisse des Trauernden zu respektieren. Einige Menschen wünschen sich vielleicht viel Unterstützung, während andere lieber ganz für sich allein trauern. Geben Sie dem Trauernden deshalb in jedem Fall ausreichend Raum und gehen Sie sensibel auf seine Wünsche ein, beachten Sie aber auch seine Grenzen, damit er seine Trauer auf seine eigene und individuelle Art und Weise bewältigen kann.

Checkliste: Alltagsunterstützung

o Erledigen von Einkäufen

o Reinigung des Hauses

o Zubereitung von Mahlzeiten

o Wäsche waschen

o Apothekengänge

o Begleitung zu Arztbesuchen

o Begleitung zu Therapiesitzungen

o Begleitung bei Apothekengängen

o Begleitung zu anderen Terminen

o Organisation von Trauerfeierlichkeiten und der Beerdigung

o langfristige Unterstützung

Bewältigung von Feiertagen und Jahrestagen

NEUE TRADITIONEN SCHAFFEN

Wer einen geliebten Menschen verliert, beginnt einen langwierigen Prozess der Trauerbewältigung, der oft Jahre oder sogar ein Leben lang andauern kann. Besondere Herausforderungen treten dann auf, wenn Feiertage oder besondere Jahrestage bevorstehen. Weihnachten, Ostern, der Geburts- oder Hochzeitstag sind Tage, an denen der Schmerz des Verlustes besonders stark spürbar wird. Feste und Traditionen, die einst so bedeutungsvoll waren, können jetzt schmerzhaft und unpassend erscheinen, weil der geliebte Mensch nun nicht mehr daran teilnehmen kann.

Wenn Sie das Bedürfnis verspüren, langjährige Traditionen fortführen zu wollen, dann seien Sie mutig, folgen Sie Ihrem Bedürfnis und fühlen Sie sich dabei nicht schuldig, wenn Sie Freude zulassen. Der Verstorbene hätte sich sicherlich darüber gefreut, Sie glücklich zu sehen und zu wissen, dass Sie Ihre gemeinsame Tradition fortführen. Sollten Sie jedoch nicht in der Stimmung dafür sein, den Traditionen zu folgen, dann ist das auch in Ordnung. Respektieren Sie Ihre Trauer, indem Sie sich selbst die Erlaubnis geben, das zu tun, was sich für Sie richtig anfühlt. Es ist in Ordnung, ruhigere und entspanntere Feiertage zu benötigen. Fühlen Sie sich dabei also bitte nicht schuldig.

GEDENKEN UND ERINNERUNG

Wenn Sie die gemeinsamen Traditionen nicht ohne die verstorbene Person fortsetzen, ihre Erinnerung aber trotzdem lebendig halten möchten, bietet sich nun natürlich die Möglichkeit an, neue Traditionen oder Rituale zu schaffen, um den Verstorbenen an besonderen Tagen zu ehren und ihm zu gedenken.

Beispiele für neue Rituale oder Traditionen, um dem Verstorbenen zu gedenken:

Reflexion über gemeinsame Erinnerungen:

- Finden Sie an einem besonderen Tag, wie einem Geburtstag, einem Jahrestag oder einem Feiertag, einen ruhigen Ort, an dem Sie ungestört sind und über Ihre gemeinsamen Erinnerungen mit dem Verstorbenen nachdenken.
- Setzen Sie sich bewusst hin, schließen Sie bei Bedarf Ihre Augen und reflektieren Sie die schönen Momente und Erinnerungen, die Sie mit der verstorbenen Person geteilt haben.
- Suchen Sie sich Ihre Lieblingserinnerungen heraus und schreiben Sie diese auf.

Gedenkbriefe:

- Nehmen Sie sich jedes Jahr an einem besonderen Jahres- oder Feiertag Zeit, um sich an einem ruhigen Ort hinzusetzen und einen persönlichen Brief an den Verstorbenen zu schreiben.
- Halten Sie Ihre Gedanken, Gefühle und Erinnerungen in diesem Brief fest und erzählen Sie dem Verstorbenen, was innerhalb des letzten Jahres alles passiert ist.
- Tipp: Das Lesen des Briefes aus dem vorangegangenen Jahr kann Ihnen Ihren Fortschritt im Trauerprozess vor Augen halten und Ihnen helfen, Ihre Trauer zu verarbeiten.

Das Lieblingsgericht:

- Treffen Sie sich jedes Jahr an einem besonderen Jahres- oder Feiertag mit nahestehenden Angehörigen des Verstorbenen, um gemeinsam sein Lieblingsgericht zuzubereiten.
- Während des Essens können Sie dann Erinnerungen und Momente, die Sie mit dem Verstorbenen gesammelt haben, austauschen.
- Zusätzlich bietet es sich an, eine Kerze für den Verstorbenen anzuzünden oder zum Beispiel seine Lieblingsblumen auf dem Tisch zu platzieren.

Unterstützung suchen

In Zeiten der Trauer, vor allem an Jahrestagen oder während der Feiertage, kann es für Trauernde hilfreich sein, nach speziellen Gruppen oder Veranstaltungen für Menschen in Trauer Ausschau zu halten. Diese bieten ihnen eine unterstützende Umgebung an, in denen sie sich mit anderen Betroffenen austauschen und sich in schweren Zeiten gegenseitig Halt spenden können. Für Hinterbliebene ist es wichtig, zu verstehen, dass sie mit ihren Emotionen nicht alleine sind und dass andere Menschen ähnliche Gefühle durchleben. Durch den Kontakt mit Gleichgesinnten können sie ihre Erfahrungen teilen, Trost finden und neue Sichtweisen gewinnen.

Tipps, um eigene Erfahrungen mit anderen Betroffenen zu teilen:

- Suche nach örtlichen Selbsthilfe- oder Trauergruppen:
    - regelmäßige Treffen mit in der Regel gleichen Teilnehmern
    - bieten eine unterstützende Umgebung zum Austausch mit Gleichgesinnten
- Nutzung von auf Trauerbewältigung spezialisierten Online-Plattformen und Foren:
    - ermöglichen den Austausch von Erfahrungen
    - Möglichkeit, anonym zu bleiben und trotzdem von den Erfahrungen anderer zu profitieren
    - Beispiele:
        - trauerforum.de
        - trauer.de
        - trauergruppe.de
        - grieving.com
- Teilnahme an Gedenkveranstaltungen oder -ritualen:

- werden speziell für Menschen in Trauer organisiert
- schaffen eine beruhigende und unterstützende Atmosphäre
- Verbundenheit mit anderen

- Unterstützung von Familienangehörigen, Freunden oder Therapeuten:
  - oft ist es ausreichend, wenn einem zugehört wird
  - Möglichkeit des gemeinsamen Schweigens
  - professionelle Unterstützung durch auf Trauer spezialisierte Therapeuten als zusätzliche Hilfe

Grenzen setzen

Auch in Zeiten der Trauer ist es wichtig, klare Grenzen zu setzen und sich selbst zu schützen. Trauernde sollten sich selbst erlauben, ihre individuellen Bedürfnisse und Grenzen zu erkennen und diese zu respektieren, selbst wenn das bedeutet, auch mal Nein sagen zu müssen. Für Hinterbliebene ist es wichtig, zu verstehen, dass es vollkommen in Ordnung ist, sich nicht an bestimmten Veranstaltungen oder Feierlichkeiten zu beteiligen, wenn sie sich damit überfordert fühlen oder einfach nicht in der Lage dazu sind, daran teilzunehmen.

Das Setzen von Grenzen ist keinesfalls egoistisch, sondern vielmehr ein Akt der Selbstachtung und der Selbstfürsorge. Es bedeutet, sich selbst die Erlaubnis zu geben, die eigenen Bedürfnisse zu achten und sich vor emotionaler Überlastung oder Belastung zu schützen. Haben Sie also das Gefühl, eine bestimmte Veranstaltung oder Situation ist zu viel für Sie oder könnte Ihre Trauer sogar verschlimmern, ist es wichtig, dass Sie sich selbst erlauben, Nein zu sagen und sich dann zurückzuziehen. Dabei kann es hilfreich sein, offen und ehrlich Ihre eigenen Grenzen zu kommunizieren. Das ermöglicht den Personen in Ihrem Umfeld, Ihre Bedürfnisse besser zu verstehen und auf diese Rücksicht zu nehmen.

Grenzen zu setzen, ist also kein Zeichen von Schwäche, sondern vielmehr ein Zeichen der Selbstfürsorge und Selbstachtung, das Hinterbliebenen dabei hilft, ihre Trauer effektiver zu bewältigen und ihre emotionale Gesundheit zu bewahren.

Tipps dafür, wie Sie selbst Grenzen setzen und sich erlauben können, diese zu respektieren:

Selbstreflexion:

- Suchen Sie sich einen ruhigen Ort, an dem Sie ungestört sind und bewusst in sich gehen können.
- Reflektieren Sie Ihre eigenen Bedürfnisse und Grenzen. Überlegen Sie sich dabei, was für Sie in Ordnung ist und was nicht.

Ehrlichkeit:

- Erlauben Sie sich, ehrlich zu sich selbst zu sein und Ihre Gefühle anzuerkennen und zu akzeptieren, selbst wenn das bedeuten sollte, dass Sie zu bestimmten Aktivitäten Nein sagen müssen.

Kommunikation:

- Kommunizieren Sie klar, direkt, offen und ehrlich mit anderen über Ihre Bedürfnisse und Grenzen.
- Wenn Sie sich überfordert fühlen oder nicht dazu in der Lage sind, an bestimmten Veranstaltungen oder Feierlichkeiten teilzunehmen, scheuen Sie nicht davor, Nein zu sagen.

Selbstakzeptanz:

- Erinnern Sie sich immer wieder daran, dass Sie nicht jedem Menschen gerecht werden können oder müssen. Es ist vollkommen in Ordnung, wenn Sie Ihre eigenen Bedürfnisse und Wünsche sowie Ihre Gesundheit und Ihr Wohlbefinden über die Erwartungen anderer setzen und diese priorisieren.

Selbstfürsorge:

- Vergessen Sie nicht, dass das Setzen von Grenzen ein Akt der Selbstfürsorge ist und dass es wichtig ist, für sich selbst einzustehen und sich vor emotionaler Überlastung zu schützen.

Verlassen der Komfortzone:

- Insbesondere in emotional herausfordernden Zeiten kann es schwer sein, Nein zu sagen. Trotzdem ist es wichtig, dass Sie Ihre eigenen Grenzen respektieren und sich erlauben, mutig zu sein und Nein zu sagen.

  - Beispiel: Jedes Jahr werden Sie von Familienmitgliedern gebeten, eine jährliche Gedenkfeier für den Verstorbenen zu organisieren. Obwohl Sie wissen, dass Sie diese Veranstaltung emotional überfordert und Sie viel lieber allein trauern würden, fühlen Sie sich jedes Jahr – bis jetzt – dazu verpflichtet, zuzusagen.

Selbstfürsorge an besonderen Tagen

An besonderen Jahres- oder Feiertagen ist der Akt der Selbstfürsorge besonders wichtig, da er Trauernde dabei unterstützt, das eigene Wohlbefinden im Auge zu behalten. An Tagen wie diesen ist es vollkommen normal, eine Bandbreite von Emotionen zu durchleben. Umso wichtiger ist es, dass Sie sich selbst erlauben, Ihre eigenen Gefühle zu akzeptieren und alle Emotionen anzunehmen, ohne sich selbst dafür zu verurteilen.

Selbstfürsorge ist kein Egoismus, sondern vielmehr eine Notwendigkeit, um die eigene emotionale Gesundheit während des Trauerprozesses zu bewahren und die Herausforderungen dieser schweren Zeit zu bewältigen.

Tipps für Selbstfürsorge an besonderen Tagen:

Achtsamkeit und Selbstreflexion:

- Beginnen Sie den Tag mit einer kurzen Atemübung, um Ihren Geist zu zentrieren und sich auf Ihre Gefühle einzustellen:
    - Stellen Sie sich dafür aufrecht und gerade hin und legen Sie Ihre Hände locker auf Ihren Bauch.
    - Atmen Sie einige Male bewusst in Ihren Bauch hinein.
    - Atmen Sie nun langsam und tief für vier Sekunden ein.
    - Halten Sie die Luft sechs Sekunden lang an.
    - Atmen Sie anschließend für acht Sekunden langsam durch Ihren Mund wieder aus.
- Lenken Sie Ihre Aufmerksamkeit nun auf Ihre Emotionen und erlauben Sie sich, sowohl Trauer als auch Freude zu empfinden, ohne sich selbst dafür zu verurteilen.

Selbstfürsorgliche Aktivitäten:

- Finden Sie an besonderen Feier- oder Jahrestagen Zeit für sich selbst und wählen Sie bewusst eine Aktivität aus, die Ihnen Freude bereitet und die Ihr Wohlbefinden steigert. Das kann zum Beispiel ein Spaziergang in der Natur, eine Yogaeinheit, das Lesen eines Buches oder ein entspannendes Bad sein.

Ernährung und Bewegung:

- Achten Sie auf eine nährstoffreiche und ausgewogene Ernährung und nehmen Sie ausreichend Flüssigkeit zu sich. Führen Sie körperliche Aktivitäten durch, die Ihnen Freude bereiten und Ihre Stimmung verbessern.

Achtsamer Austausch:

- Wenn Sie möchten, können Sie den achtsamen Austausch mit vertrauten Personen oder anderen Trauernden suchen, um Ihre Gedanken und Gefühle mitzuteilen.

Akzeptanz und Selbstmitgefühl:

- Praktizieren Sie Akzeptanz und Selbstmitgefühl, indem Sie liebevoll zu sich selbst sind. Erlauben Sie sich, Ihre eigenen Grenzen zu akzeptieren und auch mal Nein zu sagen, wenn Sie bestimmte Aktivitäten nicht tun möchten oder sich überfordert fühlen.

Praktizieren von Dankbarkeit:

• Üben Sie Dankbarkeit, indem Sie bewusst über all die Dinge nachdenken, für die Sie dankbar sind – ganz gleich, wie klein oder scheinbar unbedeutend diese auch erscheinen mögen. Erkennen Sie Ihre eigene Stärke und Ihre Resilienz an, indem Sie sich bewusst vor Augen führen, wie weit Sie während des Trauerprozesses bereits gekommen sind und welche Herausforderungen Sie auf Ihrem Weg dabei schon gemeistert haben.

Abschluss und Reflexion:

• Beenden Sie den Tag, indem Sie Ihre Emotionen und Erfahrungen kurz reflektieren. Notieren Sie dabei, welche Dinge Ihnen geholfen haben und was Sie an zukünftigen besonderen Tagen anders machen und/oder berücksichtigen möchten. Schenken Sie sich selbst Wertschätzung und Anerkennung für Ihre Bemühungen und Selbstfürsorge.

VORABPLANUNG UND VORBEREITUNG

Rücken Feiertage oder Jahrestage nach einem Verlust immer näher, kann eine sorgfältige Vorabplanung und gewissenhafte Vorbereitung helfen, diese Tage besser zu bewältigen. Feier- und Jahrestage sind mit Erinnerungen an die verstorbene Person verbunden und können bei den Hinterbliebenen deshalb starke emotionale Reaktionen hervorrufen. Eine sorgfältige Vorabplanung dieser besonderen Tage ermöglicht es den Hinterbliebenen auf der einen Seite, Strategien zu entwickeln, um mit ihren Emotionen umzugehen, ihre eigenen Bedürfnisse zu reflektieren, Stress zu reduzieren und den Tag dadurch so angenehm wie möglich zu gestalten.

Auf der anderen Seite hilft die Strukturierung des Tages dabei, sich nicht hilflos oder überfordert zu fühlen. Durch das Festlegen von

Aktivitäten und die Organisation von Abläufen können Trauernde nämlich selbst einen Rahmen schaffen, der ihnen Sicherheit bietet und sie dabei unterstützt, den Tag möglichst gut zu überstehen. Darüber hinaus schaffen die Vorabplanung und die Vorbereitung die wundervolle Möglichkeit zur Schaffung neuer Traditionen und Rituale, die nicht nur Trost spenden und Ausdruck der eigenen Trauer sein können, sondern auch dabei helfen, dem Verstorbenen zu gedenken und eine Verbindung zu ihm aufrechtzuerhalten.

Reflexion der eigenen Bedürfnisse

Die Feiertage und Jahrestage können für Trauernde eine besonders herausfordernde und anspruchsvolle Zeit sein. Obwohl diese Tage normalerweise von Freude und festlicher Stimmung geprägt sind, lösen sie bei Trauernden häufig starke Emotionen und Erinnerungen an ihren Verlust aus. An Tagen wie diesen ist es daher umso wichtiger, sich bewusst mit den eigenen Bedürfnissen auseinanderzusetzen. Die Reflexion der eigenen Bedürfnisse ermöglicht es den Trauernden nämlich, ihre eigenen Emotionen besser zu verstehen und die Strategien zu identifizieren, die ihnen helfen können, mit ihrer Trauer umzugehen. Indem sich Trauernde selbst die Erlaubnis geben, ehrlich zu sich zu sein und auf ihre inneren Bedürfnisse zu hören, können sie Wege finden, um die besonderen Feier- oder Jahrestage in ihrem Trauerprozess heilsam und unterstützend zu gestalten.

Anleitung:

- Finden Sie einen Ort, an dem Sie ungestört sind, und schaffen Sie eine ruhige und entspannte Atmosphäre.
- Schließen Sie Ihre Augen und atmen Sie tief durch, um sich bewusst zu entspannen.
- Lenken Sie Ihre Aufmerksamkeit auf Ihre Gefühle und Gedanken.
- Erinnern Sie sich an Feiertage oder Jahrestage der vergangenen Jahre und reflektieren Sie, wie Sie sich an diesen Tagen jeweils gefühlt haben. Notieren Sie (gerne in Ihrem Trauertagebuch), welche Dinge Ihnen an diesen Tagen besonders wichtig waren und Ihnen Freude bereitet haben und was Sie belastet und Stress oder Traurigkeit ausgelöst hat.
- Denken Sie nun an bevorstehende Feiertage oder Jahrestage und versuchen Sie, sich lebhaft vorzustellen, wie Sie sich dabei fühlen werden. Visualisieren Sie, wie Sie mit anderen interagieren, verschiedene Aktivitäten durchführen oder Rituale praktizieren. Achten Sie währenddessen auf Ihre emotionalen Reaktionen und identifizieren Sie die Bedürfnisse, die diesen Emotionen entspringen.
- Spüren Sie, welche Veränderungen an bevorstehenden Feier- oder Jahrestagen auf Sie zukommen könnten, und fragen Sie sich, was Sie während der bevorstehenden Feier- oder Jahrestage benötigen, um sich wohl und unterstützt zu fühlen. Möchten Sie lieber Gesellschaft haben oder die Zeit allein verbringen? Gibt es Traditionen oder Rituale, die Sie an diesen Tagen unterstützen und Ihnen Trost spenden könnten?
- Seien Sie ehrlich sich selbst gegenüber und gestehen Sie sich ein, wenn Sie Hilfe und Unterstützung brauchen.
- Betrachten Sie Ihre individuellen Bedürfnisse und erkennen Sie, welche Dinge Ihnen am wichtigsten sind.

- Denken Sie darüber nach, welche Art der Anpassung oder Unterstützung Ihnen helfen könnte, um Ihre Bedürfnisse zu erfüllen.
- Auf Grundlage Ihrer identifizierten Bedürfnisse schreiben Sie nun einen Selbstfürsorgeplan für die kommenden Feiertage oder Jahrestage. Planen Sie dabei konkrete Maßnahmen, um sich selbst während dieser Tage zu unterstützen und Ihren Bedürfnissen gerecht zu werden.
- Seien Sie flexibel und passen Sie Ihren Plan den Veränderungen in Ihren Bedürfnissen an.

Strategien zur Stressbewältigung

Feiertage oder Jahrestage sind nach einem Verlust im Trauerprozess besonders schwierige Tage, da sie Erinnerungen an den verstorbenen Menschen hervorrufen und häufig mit einer Palette an Emotionen einhergehen. Normalerweise stehen Feier- oder Jahrestage für Zusammenkunft, Freude und Feiern, können für Trauernde jedoch eine Quelle von zusätzlichem Schmerz und Stress sein. Um den Stress in dieser herausfordernden Zeit zu reduzieren, ist es entscheidend, sich bewusst Zeit für Selbstfürsorge zu nehmen und Strategien zur Stressbewältigung zu entwickeln, um den Druck zu mindern, Entlastung zu fördern, die Stimmung zu heben, Raum für Ruhephasen zu schaffen und den Fokus auf den Weg der Heilung zu legen.

Tipps und Techniken zur Reduktion von Stress während der Feiertage oder Jahrestage:

Zeitmanagement:
Erstellen Sie einen detaillierten Zeitplan für die Feiertage oder Jahrestage und planen Sie im Vorfeld, welche Aufgaben oder Aktivitäten erledigt werden müssen, wie zum Beispiel eine Gästeliste zu erstellen, Einladungen zu versenden, die Verpflegung zu planen oder einen Ort zu organisieren. Notieren Sie die Aufgaben dabei ihrer Priorität nach und setzen Sie sich realistische Ziele, um Stress und emotionale sowie körperliche Überlastung zu vermeiden.

Delegation von Aufgaben:
Geben Sie Aufgaben an Angehörige, Freunde und Bekannte ab, um die Last der Feiertage zu teilen. Zögern Sie dabei nicht, andere Menschen in Ihrem nahen Umfeld dazu zu ermutigen, sich an der Vorbereitung und der Planung zu beteiligen, und bitten Sie sie zum Beispiel, beim Organisieren von Veranstaltungen, beim Dekorieren oder beim Kochen zu helfen.

Entspannungstechniken:
Nutzen Sie verschiedene Entspannungstechniken, um Stress aktiv entgegenzuwirken und zur Ruhe zu kommen. Meditationen und Atemübungen sind zum Beispiel wunderbare Methoden, die sich darüber hinaus leicht in den Tagesablauf integrieren lassen. Im Kapitel „Selbstpflege und Achtsamkeit“ finden Sie eine geführte Entspannungsmeditation und eine Trauermeditation, die sich wundervoll zum Entspannen anbieten.

Pausen:
Gönnen Sie sich zwischendurch immer wieder bewusst Zeit für Pausen und Ruhephasen, in denen Sie meditieren, Atemübungen durchführen oder kurze Spaziergänge machen. Diese Pausen werden Ihnen dabei helfen, zu entspannen und neue Energie zu tanken.

Grenzen setzen:
Scheuen Sie nicht davor, sich Grenzen zu setzen und auch mal Nein zu Verpflichtungen oder bestimmten Aktivitäten, die zu viel Stress verursachen und sich negativ auf Ihr Wohlbefinden auswirken, zu sagen. Das kann zum Beispiel die Planung einer Gedenkveranstaltung sein oder die Verantwortung für die Verpflegung der Gäste umfassen. Kommunizieren Sie offen mit anderen, wenn Ihnen etwas zu viel wird.

Selbstfürsorge:
Nehmen Sie sich regelmäßig Zeit für Selbstfürsorge und tun Sie die Dinge, die Ihnen Freude bereiten und Ihnen helfen, neue Energie zu tanken. So könnten Sie zwischendurch beruhigende Musik hören, einen Spaziergang durch die Natur machen oder Atemübungen praktizieren. Am Ende des Tages kann ein schönes Entspannungsbad und ein gutes Buch ein selbstfürsorglicher Abschluss eines besonderen Tages sein.

Realistische Erwartungen:
Seien Sie in Bezug auf den bevorstehenden Tag und Ihre damit verbundenen Erwartungen realistisch. Erinnern Sie sich daran, dass nicht alles perfekt sein muss und dass es in Ordnung ist, nicht alles unter Kontrolle haben zu müssen und Fehler zu begehen. Legen Sie Ihren Fokus stattdessen darauf, Zeit mit Ihren Liebsten zu verbringen, und erfreuen Sie sich an den gemeinsamen Momenten, die Sie erleben.

NEUE RITUALE UND GEDENKTRADITIONEN

Nach einem Verlust können Feiertage und Jahrestage besonders herausfordernde Zeiten sein. Die bislang fest etablierten Rituale und Traditionen, die einst Freude und Trost brachten, können sich nun schmerzhaft anfühlen, da sie Erinnerungen an die verstorbene Person hervorrufen. An Tagen wie diesen kann es wertvoll sein, neue Rituale zu schaffen, die den Trauernden dabei unterstützen, seinen Verlust zu verarbeiten und dem Gedenken an den geliebten Menschen auf eine liebevolle Art und Weise Raum zu geben.

Rituale und Gedenktraditionen dienen auf der einen Seite dazu, der verstorbenen Person zu gedenken und Trost zu finden. Auf der anderen Seite unterstützen sie den eigenen Trauerprozess, indem sie Hinterbliebenen die Möglichkeit bieten, sich aktiv mit ihrer Trauer auseinanderzusetzen und neue Wege zu entdecken, um mit dem Verlust umzugehen.

Schaffung neuer Rituale

Die Schaffung neuer Rituale bietet dem Trauernden eine kraftvolle Gelegenheit, seine eigenen Bedürfnisse zu erkennen und den Trauerprozess zu erleichtern. Außerdem können Rituale individuell gestaltet und sowohl den Wünschen und Vorlieben des Hinterbliebenen als auch der Persönlichkeit des Verstorbenen angepasst werden.

Anregungen und Ideen zur Schaffung neuer Rituale oder Traditionen:

Kochen oder Backen:

Widmen Sie etwas Zeit des Tages dem Kochen des Lieblingsgerichts oder dem Backen des Lieblingskuchens des Verstorbenen. Wenn Sie möchten, können Sie dazu auch Familienangehörige und Freunde einladen, gemeinsam mit ihnen essen und dabei Anekdoten und Geschichten über den Verstorbenen teilen.

Kunstprojekt:

Leben Sie Ihre Kreativität als Teil eines neuen Rituals an besonderen Tagen aus, indem Sie zum Beispiel eine Gedenkkollektion mit Erinnerungsstücken, Fotos und persönlichen Gegenständen des Verstorbenen erstellen. Bewahren Sie dieses in einem Rahmen, einer Schachtel oder in einem Album auf, schauen Sie es jedes Jahr während der Feiertage oder der Jahrestage an und erweitern Sie es dann bei Bedarf. Wenn Sie möchten, können Sie auch mit Familienmitgliedern oder Freunden ein gemeinsames Kunstprojekt organisieren, bei dem jeder ein eigenes Werk erstellt, das dem Verstorbenen gewidmet ist. Das kann zum Beispiel eine Collage, eine Malerei, eine Komposition oder ein geschriebenes Gedicht sein.

Wanderung oder Erinnerungstour:

Planen Sie eine Wanderung oder eine Erinnerungstour für den Feier- oder Jahrestag, indem Sie einen Ausflug an einen besonderen Ort machen, den Sie mit dem Verstorbenen verbinden.

Gedenksteine bemalen:

Bemalen Sie Gedenksteine mit Symbolen oder persönlichen Botschaften an den Verstorbenen und platzieren Sie diese an einem besonderen Ort, an dem Sie sich mit dem Verstorbenen verbunden fühlen.

Erinnerungsfeuer:
Entzünden Sie ein Erinnerungsfeuer im Freien und laden Sie Familienangehörige und Freunde dazu ein, sich gemeinsam mit Ihnen am Feuer niederzulassen, um Geschichten über und Erinnerungen an den Verstorbenen zu teilen.

Sternenhimmel betrachten:
Suchen Sie sich nachts einen dunklen Ort im Freien, um den Sternenhimmel zu betrachten. Dies kann eine meditative und spirituelle Erfahrung sein, bei der Sie sich dem Verstorbenen nahe fühlen und eine Verbindung zu ihm spüren können.

Gedenkakte und Gedenkorte

Gedenkakte und Gedenkorte fungieren als physische Manifestationen der Erinnerung, Verbundenheit und Liebe zum Verstorbenen. Sie bieten Hinterbliebenen einen besonderen Raum, um Erinnerungsstücke, wie Briefe, Fotos oder persönliche Gegenstände, aufzubewahren, und dienen gleichzeitig als Anker, der ihnen in schwierigen Zeiten Trost spendet und sie mit der Vergangenheit verbindet.

Die Erschaffung von Gedenkakten und Gedenkorten unterstützt die Trauernden dabei, den Verlust zu akzeptieren und ihre Trauer zu verarbeiten. Sie sind eine wundervolle Möglichkeit, die Erinnerung an den Verstorbenen lebendig zu halten und ihm weiterhin eine Präsenz im eigenen Leben zu geben. Außerdem kommt ihnen eine wichtige soziale Funktion zu: Sie bieten Angehörigen Raum, um gemeinsam zu trauern und Erinnerungen an die verstorbene Person auszutauschen, sodass sie die Last ihrer Trauer mit anderen teilen können.

Vorschläge für Handlungen oder Orte, um sich an den Verstorbenen zu erinnern:

Lichter entzünden:

Zünden Sie eine Kerze oder eine Laterne, als beruhigende und symbolische Geste, zu Ehren der verstorbenen Person an.

Besuch der Ruhestätte:

Suchen Sie den Bestattungsort des Verstorbenen auf, um ihm Respekt zu erweisen und ihm zu gedenken. An der Ruhestätte können Sie zudem Blumen niederlegen, persönliche Gedanken mit dem Verstorbenen teilen und einen Moment lang in Stille verweilen.

Naturverbundene Gedenkstätte:

Finden Sie einen besonderen Ort in der Natur, an dem Sie dem Verstorbenen gedenken können. Das kann zum Beispiel ein See, ein Park oder ein Wald sein. Suchen Sie diesen Ort regelmäßig auf und reflektieren Sie dort Ihre Gefühle, Gedanken und Erinnerungen an den Verstorbenen.

Musikalische Erinnerung:

Erstellen Sie eine Playlist mit Liedern, die der Verstorbene gerne gehört hat oder die Sie mit ihm verbinden.

Gedenkveranstaltungen:

Organisieren Sie eine Gedenkveranstaltung oder ein Treffen, zu dem Sie Familienangehörige, Freunde und Bekannte des Verstorbenen einladen, um ihm gemeinsam zu gedenken. Dabei können Sie Erinnerungen austauschen, Geschichten teilen und Trost finden.

Gedenktattoo:

Lassen Sie sich den Namen der verstorbenen Person oder ein Symbol, das Sie mit ihr verbinden, als dauerhafte und zugleich sehr persönliche Erinnerung tätowieren.

Wohltätige Spenden:

Spenden Sie an eine Stiftung oder an eine wohltätige Organisation, die dem Verstorbenen am Herzen lag. Wohltätige Spenden können nicht nur eine tolle Geste, sondern auch eine sinnvolle Möglichkeit sein, anderen zu helfen und das Andenken des Verstorbenen zu ehren.

Neuanfang und persönliches Wachstum

NEUE PERSPEKTIVEN ENTWICKELN

Nach dem Verlust eines geliebten Menschen kann der Gedanke an einen Neuanfang zunächst überwältigend und unerreichbar scheinen. Dennoch verbirgt sich inmitten der Trauer oft die Chance für eine innere Transformation und einen neuen Beginn. Es ist ein Prozess, der Selbstreflexion, Zeit und Geduld erfordert, Trauernden auf der anderen Seite aber auch die Möglichkeit bietet, gestärkt aus dieser schweren Zeit hervorzugehen.

Neu anzufangen und neue Perspektiven zu entwickeln, bedeutet nicht, die Vergangenheit zu leugnen oder den Verlust zu verdrängen, sondern vielmehr, bewusst eine Zukunft anzustreben, die trotz all dem Schmerz und der Dunkelheit Hoffnung und Licht birgt. Es geht darum, die eigenen Fähigkeiten, Stärken und Ressourcen zu erkennen und sie gezielt für persönliches Wachstum einzusetzen. Persönliches Wachstum kann nach einem Verlust auf vielfältige Weise erfolgen – sei es durch die Entwicklung neuer Fähigkeiten, die Suche nach Trost in spirituellen Praktiken, den Aufbau von unterstützenden Netzwerken oder die Entdeckung des tieferen Sinns im Leben.

Neuanfang und persönliches Wachstum sind ein individueller Weg und ein fortwährender Prozess des Lernens und Wachsens, der von Höhen und Tiefen, Rückschlägen und Erfolgen, Resilienz, Selbstakzeptanz und der Bereitschaft, sich den Hindernissen des Lebens zu stellen, geprägt ist. Jede Erfahrung, die Sie dabei machen, trägt letztendlich dazu bei, dass Sie an Stärke und Weisheit gewinnen und dass Sie das Leben, trotz aller Widrigkeiten, in vollen Zügen leben.

Stärken und Ziele erkennen

Nach einem Verlust können die Identifikation persönlicher Ziele und das Festlegen von Zielen für die Zukunft helfen, einen Neuanfang zu gestalten. Die Identifizierung persönlicher Stärken ermöglicht den Trauernden, auf ihre individuellen Ressourcen zurückzugreifen, während ihnen die Festlegung von Zielen Motivation und Orientierung bietet, um den Pfad des Neuanfangs zu beschreiten.

Anleitung:

- Suchen Sie einen ruhigen und ungestörten Ort, an dem Sie über Ihre persönlichen Stärken und Ziele für die Zukunft nachdenken können.
- Nehmen Sie sich Ihr Trauertagebuch oder kleine Karteikarten zur Hand und schreiben Sie zehnmal „Ich bin ..." auf.
- Beenden Sie jeden Satz, indem Sie die Ich-bin-Statements über sich selbst vervollständigen. Schreiben Sie dabei allerdings nur positive Statements zu sich selbst auf, wie beispielsweise „Ich bin empathisch", „Ich bin ein guter Zuhörer" oder „Ich bin eine leidenschaftliche Künstlerin".
- Überlegen Sie sich nun, welche Ziele Sie für die Zukunft haben, und definieren Sie diese klar und konkret.
- Fragen Sie sich, welche Ressourcen Ihnen zur Verfügung stehen, um Ihre Ziele zu erreichen. Hierzu zählen zum Beispiel Ihre persönlichen

Stärken und Talente sowie Ihre Familie, Freunde und andere Netzwerke.

- Brechen Sie Ihre großen Ziele in kleinere und realistische Schritte auf und legen Sie einen Zeitrahmen fest, bis wann Sie diese erreicht haben möchten. Überlegen Sie sich auch, welche Ihrer Stärken Sie für welche Ziele gezielt einsetzen können, um Herausforderungen zu meistern und Hindernisse zu überwinden.
- Reflektieren Sie Ihre Erfahrungen und Fortschritte regelmäßig und seien Sie flexibel und offen dafür, Ihren Plan anzupassen, wenn sich neue Möglichkeiten ergeben oder sich die Umstände ändern sollten.

Die Bedeutung von Veränderung

Der Verlust eines geliebten Menschen kann dazu führen, dass Hinterbliebene ihr Leben neu betrachten, ihre Prioritäten hinterfragen und sich dessen bewusster werden, was ihnen wirklich wichtig ist. Obwohl der Verlust dabei mit Trauer und Schmerz verbunden ist und Veränderungen häufig mit Angst und Unsicherheit einhergehen, liegt in dieser Zeit der Veränderung auch eine Chance für persönliches Wachstum und innere Entwicklung.

Indem Sie Ihren Verlust als Wendepunkt und Chance für persönliches Wachstum betrachten, öffnen Sie sich den unzähligen Möglichkeiten, die Ihnen das Leben bietet. Sie können sich auf neue Erfahrungen einlassen, sich weiterentwickeln und letzten Endes gestärkt aus dieser schwierigen Phase hervorgehen.

Anleitung – Der Verlust als Chance für persönliches Wachstum:

- Nehmen Sie sich etwas Zeit und finden Sie einen Ort, an dem Sie ungestört über den Verlust nachdenken und die unterschiedlichen Emotionen erkunden können, die damit verbunden sind.
- Überlegen Sie, wie der Verlust Sie beeinflusst und welche Veränderungen er mit sich gebracht hat.
- Identifizieren Sie die Bereiche in Ihrem Leben, die Sie gerne weiterentwickeln möchten. Das könnten zum Beispiel persönliche Ziele, zwischenmenschliche Beziehungen, berufliche Ambitionen oder spirituelle Aspekte sein. Notieren Sie die Bereiche so spezifisch wie möglich.
- Formulieren Sie nun konkrete Ziele für jeden Bereich, den Sie identifiziert haben. Stellen Sie dabei sicher, dass Ihre Ziele präzise formuliert sowie erreichbar und relevant sind, wie zum Beispiel: „Ich möchte meine emotionale Stabilität verbessern, indem ich jeden Tag für die nächsten vier Wochen 20 Minuten lang meditiere."
- Überlegen Sie sich, welche Schritte Sie unternehmen können, um Ihrem Ziel näher zu kommen. Teilen Sie Ihre Ziele dafür in kleinere und überschaubare Schritte auf. Um emotionale Stabilität zu erreichen, könnten Sie beispielsweise einen Meditationsplan erstellen, einen passenden und ruhigen Ort mit einer angenehmen Atmosphäre dafür einrichten und Erinnerungen festlegen, die Sie täglich an Ihre Meditationsroutine denken lassen.
- Setzen Sie die einzelnen Schritte Ihres Aktionsplans um. Beginnen Sie dabei zunächst mit kleinen Schritten und steigern Sie diese sukzessiv. Erlauben Sie sich, geduldig mit sich selbst zu sein, Fehler zu begehen und aus diesen zu lernen.
- Nehmen Sie sich regelmäßig Zeit, um Ihren Fortschritt zu reflektieren. Erkennen Sie Ihre Leistungen und Bemühungen an und passen Sie Ihren Plan entsprechend Ihrer Fortschritte an.

Dankbarkeit und Resilienz

Das Praktizieren von Dankbarkeit für die positiven Aspekte des Lebens und die Anerkennung der eigenen inneren Stärke und Resilienz fördern eine positive Einstellung zum Leben und helfen Trauernden dabei, Optimismus und Hoffnung zu bewahren. Gleichzeitig erinnert es sie daran, dass sie Hindernisse überwinden und ihr Leben selbst gestalten können. Sie erkennen, dass sie trotz Schwierigkeiten und Hindernissen dazu in der Lage sind, zu wachsen und mit Zuversicht in Richtung Zukunft zu blicken.

Anleitung:

- Finden Sie einen entspannten und ruhigen Ort, an den Sie sich zurückziehen können.
- Schließen Sie Ihre Augen und lenken Sie Ihre Aufmerksamkeit auf Ihre Atmung, um zur Ruhe zu kommen und Ihren Geist zu entspannen.
- Denken Sie an drei Dinge, für die Sie an diesem Tag dankbar sind. Das kann zum Beispiel ein persönlicher Erfolg, Ihre innere Stärke und Resilienz, das Lächeln eines Fremden oder das Lob vom Chef sein.
- Notieren Sie diese drei Dinge in Ihrem Trauertagebuch oder in einem separaten Dankbarkeitstagebuch. Reflektieren Sie außerdem darüber, warum Sie für diese Dinge Dankbarkeit empfinden und wie sie Ihr Leben bereichern.
- Lassen Sie das Gefühl der Dankbarkeit in Ihrem Herzen aufsteigen.
- Verweilen Sie noch für einen Moment in dem Zustand der Dankbarkeit und spüren Sie, wie sich Ihre Stimmung ins Positive verändert hat.

Neue Beziehungen aufbauen

Neue Beziehungen zu Menschen, die ähnliche Erfahrungen gemacht haben, können eine entscheidende Rolle auf dem Weg zum Neuanfang nach einem Verlust sein und eine wichtige Stütze bieten. Auf der einen Seite ermöglicht das Knüpfen neuer Beziehungen den Hinterbliebenen, sich mit anderen zu verbinden und gegenseitige Unterstützung, Verständnis, Empathie und gemeinsames Wachstum zu erfahren. Auf der anderen Seite können neue Beziehungen und Netzwerke aber auch dazu beitragen, Trauernde dazu zu ermutigen, sich neuen Möglichkeiten zu öffnen, ihre Komfortzone zu verlassen und neue Perspektiven zu gewinnen.

Anleitung:

- Finden Sie einen ruhigen Ort, an dem Sie sich für einige Minuten zurückziehen können.
- Denken Sie über Ihre Ziele und Ihre Bedürfnisse in Bezug auf soziale Unterstützung nach und überlegen Sie, welche Arten von Beziehungen Sie sich wünschen und welche Unterstützung Sie benötigen.
- Begeben Sie sich gezielt auf die Suche nach Personen in Ihrem Umfeld, die ähnliche Erfahrungen gemacht haben, wie zum Beispiel Mitglieder von Selbsthilfe- oder Trauergruppen oder Bekannte.
- Nehmen Sie an Treffen, Veranstaltungen, Therapiegruppen und Aktivitäten mit Gleichgesinnten teil und nutzen Sie Online-Communitys und soziale Medien, um sich zu vernetzen und Unterstützung zu finden.
- Seien Sie offen dafür, neue Menschen kennenzulernen. Suchen Sie aktiv Gespräche und schlagen Sie Aktivitäten vor, die dazu führen können, dass Sie Ihr Gegenüber besser kennenlernen. Erlauben Sie sich, ganz authentisch Sie selbst zu sein und offen und ehrlich über Ihre Bedürfnisse und Erfahrungen zu sprechen.

- Seien Sie auf der anderen Seite aber auch ein aktiver Zuhörer. Zeigen Sie Ihrem Gegenüber Empathie und bieten Sie ihm Ihre Unterstützung in diesen schwierigen Zeiten an. Wenn Sie sich für andere einsetzen und ihnen helfen, können Sie nicht nur eine wertvolle Beziehung zu ihnen aufbauen, sondern gleichzeitig auch Erfüllung und Verbundenheit erfahren.

SELBSTREFLEXION UND INNERE STÄRKE

Nach dem Verlust eines geliebten Menschen spielt Selbstreflexion auf dem Weg zum Neuanfang eine besondere Rolle. Durch Selbstreflexion können Trauernde bewusst ihre Gedanken, Gefühle und Erfahrungen untersuchen und sich Zeit nehmen, um innezuhalten und dadurch ein tieferes Verständnis für ihre Reaktionen auf den Verlust zu gewinnen. Außerdem können Hinterbliebene ihre persönlichen Stärken durch Selbstreflexion entdecken, die sie wiederum dabei unterstützen, Herausforderungen zu bewältigen und ihren Weg zur Heilung zu beschreiten.

Die innere Stärke, die Trauernde dabei durch Selbstreflexion aufbauen, macht sie resilienter gegenüber den Schwierigkeiten des Lebens und ermöglicht es ihnen, sich den neuen Umständen anzupassen. Der Pfad des Neuanfangs erfordert immer Mut und Entschlossenheit von den Hinterbliebenen. Selbstreflexion und innere Stärke verleihen ihnen die Kraft, diesen Weg zu gehen, und unterstützen sie dabei, aus ihren vergangenen Erfahrungen zu lernen und mit Optimismus in Richtung Zukunft zu blicken. Durch Selbstreflexion und innere Stärke können Trauernde den Neuanfang nach dem Verlust als Chance für persönliches Wachstum und Weiterentwicklung betrachten, was letzten Endes zu einem erfüllteren Leben führt.

Identifikation persönlicher Stärken

In schweren Zeiten der Trauer ist es leicht, sich von negativen Gefühlen überwältigen zu lassen und das Vertrauen in sich selbst zu verlieren. Deshalb ist es in solchen Phasen so wichtig, persönliche Fähigkeiten zu erkennen und sich auf die eigenen Stärken zu konzentrieren. Die Identifizierung persönlicher Stärken erinnert Trauernde nämlich daran, dass sie trotz all der Hindernisse, die ihnen begegnen, über Ressourcen verfügen, die sie durch schwierige Zeiten führen können. Diese Stärken können in unterschiedlichen Bereichen liegen und Hinterbliebene dabei unterstützen, ihren Schmerz zu bewältigen und einen Heilungsweg einzuschlagen.

Anleitung:

- Suchen Sie sich einen ruhigen Ort und nehmen Sie sich etwas Zeit, um Ihre vergangenen Erfahrungen in unterschiedlichen Lebensbereichen zu reflektieren – sei es im Beruf, in der Liebe, in der Schule oder in sozialen Situationen. Denken Sie dabei an Momente, in denen Sie sich besonders erfüllt, erfolgreich und kompetent gefühlt haben.
- Nehmen Sie sich ein Blatt und einen Stift zur Hand und fertigen Sie eine Liste mit Ihren persönlichen und beruflichen Leistungen an. Denken Sie dabei an Aufgaben, Projekte und auch an Herausforderungen, die Sie in der Vergangenheit erfolgreich gemeistert haben. Das könnten zum Beispiel persönliche Meilensteine, akademische Leistungen, berufliche Erfolge oder gemeinnützige Projekte sein.
- Beziehen Sie das Feedback anderer in Ihre Reflexionen ein und überlegen Sie, welche positiven Rückmeldungen Sie in der Vergangenheit bekommen haben.

- Denken Sie über Ihre individuellen Charakterzüge und Eigenschaften nach und überlegen Sie, welche positiven Persönlichkeitsmerkmale Sie haben, wie beispielsweise Kreativität, Empathie, Fleiß, Teamfähigkeit, Ehrgeiz, Ausdauer oder Entschlossenheit.
- Fragen Sie Familienmitglieder, Freunde, Bekannte oder Kollegen nach Ihren Meinungen und Eindrücken zu Ihren persönlichen Stärken. Andere Menschen erkennen häufig Aspekte an uns, die uns selbst gar nicht wirklich bewusst sind.
- Auf Grundlage Ihrer Analysen und Reflexionen fertigen Sie nun Ihre individuelle Stärkenliste an, auf die Sie all Ihre Fähigkeiten, Leistungen, Persönlichkeitsmerkmale und Eigenschaften schreiben, die Sie als Ihre Stärken betrachten.
- Ordnen Sie Ihre Stärkenliste nach verschiedenen Themenbereichen oder Kategorien und priorisieren Sie diese anschließend ihrer Bedeutung nach.
- Denken Sie darüber nach, welche Stärken Sie am meisten schätzen und welche Sie ganz gezielt weiterentwickeln möchten.
- Nehmen Sie sich in regelmäßigen Abständen Zeit, um Ihre Stärkenliste zu aktualisieren. Beziehen Sie dabei immer auch neue Entwicklungen, Erfahrungen und Feedback ein.

Zielsetzung und Planung

Die konkrete Zielsetzung und die Erstellung eines Aktionsplans sind wichtige Schritte im Trauerprozess, die einen strukturierten Weg zum Neuanfang und zu persönlichem Wachstum bieten können. Nach einem Verlust verlieren sich viele Menschen in einem Zustand der Lethargie und der Unentschlossenheit. Das Setzen von Zielen und die Planung konkreter Schritte können ihnen jedoch dabei helfen, einen klaren Weg für die Bewältigung ihrer Trauer zu finden und den Übergang in einen neuen Lebensabschnitt zu erleichtern.

Anleitung:

• Finden Sie einen ruhigen Ort, an dem Sie für einige Zeit ungestört sind.

• Beginnen Sie die Übung mit einer gründlichen Selbstreflexion über Ihre Werte, Interessen, Stärken, Schwächen und Ihre gegenwärtigen Lebensumstände.

• Identifizieren Sie die Lebensbereiche, in denen Sie persönlich wachsen möchten, und setzen Sie sich konkrete Ziele, die zu Ihrem persönlichen Wachstum beitragen können.

• Formulieren Sie Ihre Ziele dafür so präzise wie möglich und nutzen Sie dafür die SMART-Kriterien:

o Spezifisch: Formulieren Sie Ihre Ziele klar und deutlich.

o Messbar: Definieren Sie bestimmte Kriterien, die Ihren Fortschritt messbar machen.

o Erreichbar: Stellen Sie sicher, dass Ihre Ziele realistisch und machbar sind.

o Relevant: Prüfen Sie, ob Ihre Ziele mit übergeordneten, langfristigen Plänen und Ihren individuellen Werten übereinstimmen.

o Terminiert: Setzen Sie einen Zeitrahmen, in dem Sie Ihre Ziele erreichen möchten.

• Betrachten Sie die Wichtigkeit Ihrer Ziele und ordnen Sie diese entsprechend Ihrer Wichtigkeit. Legen Sie Ihren Fokus dabei auf die Ziele, die Ihnen besonders viel bedeuten und die den größten Einfluss auf Ihr Leben haben.

• Erstellen Sie einen detaillierten Aktionsplan, der Sie dabei unterstützt, Ihre Ziele zu erreichen. Zerlegen Sie Ihre Ziele dafür in kleine, überschaubare Schritte und entwickeln Sie konkrete Handlungen, die erforderlich sind, um sie zu verwirklichen.

- Überlegen Sie, welche Ressourcen Ihnen zur Verfügung stehen, und fragen Sie sich, wie Sie diese am besten nutzen können, um Ihre Ziele zu erreichen. Hierzu zählen zum Beispiel individuelle Fähigkeiten, finanzielle Mittel, externe Fachkenntnisse oder die Unterstützung von Familie und Freunden.
- Überprüfen Sie Ihren Fortschritt regelmäßig und passen Sie Ihren Aktionsplan bei veränderten Umständen oder neuen Erkenntnissen entsprechend an.
- Bewerten Sie Ihren Fortschritt regelmäßig und überlegen Sie, welche Dinge gut funktioniert haben und was Sie verbessern können, und vergessen Sie nicht, die Meilensteine auf dem Weg zu Ihrem Ziel zu feiern.

VERÄNDERUNG ANNEHMEN UND CHANCEN ERGREIFEN

Der Verlust eines nahestehenden Menschen führt häufig zu tiefgreifenden Veränderungen, die das Leben auf unvorhersehbare Weise beeinflussen. Deshalb ist es in solchen Phasen entscheidend, die Veränderungen, die der Verlust mit sich bringt, zu akzeptieren und die Möglichkeiten zu ergreifen, die sich daraus bieten.

Veränderungen zu akzeptieren, bedeutet dabei nicht, die Trauer oder den Schmerz zu verdrängen, sondern vielmehr, sie als natürlichen Teil des Lebens anzuerkennen. Es erfordert Entschlossenheit und Mut, sich der neuen Realität anzupassen und sich mit den veränderten Umständen auseinanderzusetzen. Obgleich dieser Prozess mit Herausforderungen verbunden ist und mit Höhen und Tiefen einhergeht, eröffnet die Akzeptanz von Veränderung auf der anderen Seite aber auch die Möglichkeit für persönliches Wachstum und innere Entwicklung.

Chancen zu nutzen, bedeutet immer auch die bewusste Suche nach positiven Möglichkeiten, die sich trotz des Verlustes bieten. Das kann zum Beispiel bedeuten, sich neuen sozialen Aktivitäten anzuschließen, neue Interessen zu entdecken oder persönliche Ziele zu verfolgen, die zuvor vernachlässigt wurden. Chancen zu ergreifen, ermöglicht es Hinterbliebenen, einen Weg zu finden, um ihre Trauer zu bewältigen und neue Bedeutungen im Leben zu finden.

Akzeptanz von Veränderungen

Die Bereitschaft, Veränderungen anzunehmen, spielt im Umgang mit der Trauer nach dem Verlust eines geliebten Menschen eine entscheidende Rolle. Der Tod einer nahestehenden Person bringt häufig tiefgreifende Veränderungen im Leben der Hinterbliebenen mit sich. Die Fähigkeit, diese Veränderungen anzunehmen, markiert dabei einen wichtigen Schritt auf dem Weg zur inneren Heilung und Genesung.

Ratschläge, um Veränderungen zu akzeptieren und den Blick auf die Chancen und Möglichkeiten des Neuanfangs zu lenken:

Akzeptanzübungen:
Probieren Sie Übungen zur Akzeptanz aus (Kapitel „Akzeptanz des Verlustes"), damit Sie sich mit den Veränderungen in Ihrem Leben bewusst auseinandersetzen können und lernen, diese so, wie sie sind, anzunehmen. Akzeptanzübungen können zum Beispiel das bewusste Atmen, das Praktizieren von Dankbarkeit für das Gute im Leben trotz Veränderungen und das Akzeptieren unangenehmer Gefühle sein.

Affirmationen:

Nutzen Sie positive Affirmationen, um Ihr Unterbewusstsein auf die Veränderungen und die Chancen, die sich daraus ergeben, auszurichten. Wiederholen Sie positive Aussagen wie „Ich erkenne die Möglichkeiten, die sich aus den Veränderungen ergeben, deutlich vor mir" oder „Ich habe die Stärke und die Fähigkeit, mit den Veränderungen umzugehen" täglich.

Positive Selbstgespräche:

Üben Sie sich darin, positiv mit sich selbst zu sprechen und sich daran zu erinnern, dass Veränderungen auch positive Aspekte mit sich bringen können. Bestärken Sie sich selbst darin, dass Sie den Herausforderungen, denen Sie begegnen, gewachsen sind und dass Sie über die notwendigen Ressourcen und Fähigkeiten verfügen, um mit den Veränderungen umzugehen.

Dankbarkeit praktizieren:

Praktizieren Sie Dankbarkeit für die Möglichkeiten, die sich Ihnen bieten, und lernen Sie, die Unterstützung, die Sie auf Ihrem Weg erhalten, zu schätzen. Notieren Sie die Dinge, für die Sie dankbar sind, gerne in Ihrem Trauertagebuch, um sich diese immer wieder vor Augen halten zu können. Das kann Sie dabei unterstützen, eine positive Einstellung zu bewahren und Veränderungen zuversichtlich zu begegnen.

Kreative Visualisierung:

Verwenden Sie die Kraft der Visualisierung, um die positiven Aspekte der Veränderungen in Ihrer Zukunft zu visualisieren. Schließen Sie dafür Ihre Augen und visualisieren Sie vor Ihrem inneren Auge lebhaft, wie sich Ihr Leben in Zukunft zum Besseren verändern wird.

Flexibilität entwickeln:
Stellen Sie sich darauf ein, sich anzupassen und auf neue Herausforderungen flexibel zu reagieren. Betrachten Sie die Veränderungen in Ihrem Leben als Gelegenheit, zu wachsen und neue Fähigkeiten zu erlernen.

Rückblick auf frühere Herausforderungen:
Erinnern Sie sich an vergangene Herausforderungen oder Veränderungen in Ihrem Leben und denken Sie daran, wie Sie diese gemeistert haben. Das stärkt nicht nur Ihr Selbstvertrauen, sondern wird Ihnen auch dabei helfen, mit Optimismus in die Zukunft zu blicken.

Risikobereitschaft und Wachstum

In Zeiten des Verlustes und der Trauer ist es verständlich, von Unsicherheiten und Ängsten überwältigt zu werden. Doch gerade in diesen schwierigen Momenten liegt auch die Chance, neue Pfade zu erkunden und über bisherige Grenzen hinauszuwachsen. Der Verlust eines nahestehenden Menschen führt häufig zu einer grundlegenden Neuausrichtung und Neubewertung des Lebens und der eigenen persönlichen Werte. Wenn Sie sich für die neuen Erfahrungen öffnen und neuen Herausforderungen mutig begegnen, können Sie nicht nur ein tieferes Verständnis für sich selbst gewinnen, sondern auch persönlich wachsen.

Die eigenen Ängste zu überwinden, erfordert ein gewisses Maß an Mut, öffnet zur selben Zeit jedoch auch die Tür zu neuen Erfahrungen und persönlichem Wachstum. Ängste resultieren dabei oftmals aus der Furcht vor dem Unbekannten oder vor potentiellen Misserfolgen. Wenn Sie sich Ihren Ängsten jedoch bewusst stellen und dazu bereit sind, Risiken einzugehen, können Sie Ihr Leben auf eine Art und Weise bereichern, die Sie zuvor nicht für möglich gehalten hätten.

Die Bereitschaft, Risiken einzugehen, bedeutet dabei nicht, leichtsinnig zu handeln, sondern vielmehr, die eigene Komfortzone zu verlassen, neue Wege zu erkunden und sich neuen Herausforderungen zu stellen. Beginnen Sie damit, kleine Schritte außerhalb Ihrer gewohnten Routinen zu unternehmen. Jeder Schritt, den Sie wagen, bringt Sie neuen Erfahrungen näher und führt Sie zu persönlichem Wachstum, wobei Sie Hindernisse und Rückschläge auf Ihrem Weg zu mehr Resilienz und innerer Stärke führen werden.

Tipps zur Überwindung von Ängsten und zur Bereitschaft, Risiken einzugehen:

Selbstreflexion:
Denken Sie über Ihre Ängste nach und erkunden Sie deren Ursprünge. Versuchen Sie, zu verstehen, was Sie genau ängstigt und aus welchem Grund. Das kann Ihnen helfen, Ihre Ängste rational zu betrachten und den Weg zu ihrer Überwindung zu ebnen.

Schrittweise Herangehensweise:
Teilen Sie große Herausforderungen oder Ziele in kleinere Schritte auf. Beginnen Sie dabei mit den kleinen Risiken und steigern Sie sich sukzessiv, wenn Sie sich wohler fühlen und mehr Selbstvertrauen aufgebaut haben.

Neue Perspektiven gewinnen:
Betrachten Sie Ängste als Chancen, neue Perspektiven zu entdecken und persönliches Wachstum voranzutreiben. Häufig zwingen Sie Rückschläge dazu, Dinge aus einer anderen Perspektive zu betrachten und neue Wege zu finden, um Herausforderungen anzunehmen.

Aus Rückschlägen lernen:

Akzeptieren Sie, dass Rückschläge ein natürlicher Bestandteil des Prozesses sind, und nutzen Sie Rückschläge und Herausforderungen zum Lernen und Wachsen. Rückschläge sind keinesfalls Zeichen des Scheiterns, sondern bieten Ihnen vielmehr die Chance, sich weiterzuentwickeln und stärker zurückzukommen.

Akzeptanz des Unbekannten:

Erlauben Sie sich, das Unbekannte zu akzeptieren, und seien Sie offen für neue Möglichkeiten, auch wenn diese anfangs beängstigend wirken. Risiken einzugehen, kann Sie zu den lohnendsten Erfahrungen führen und auf neue Wege des Wachstums und der Entfaltung leiten.

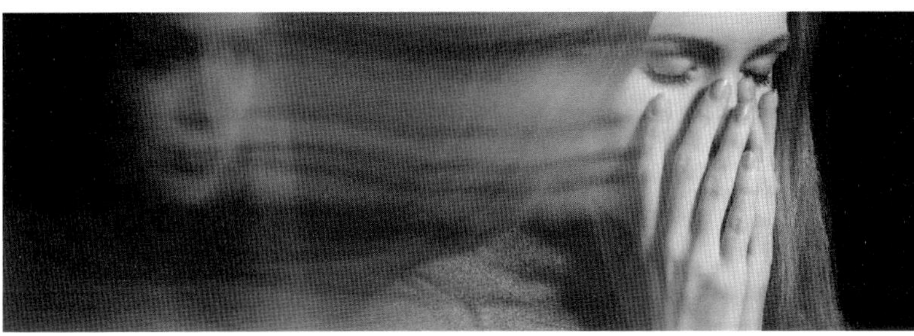

Trauer als Teil der Geschichte des Lebens

Auf den stillen Seiten dieses Buches haben Sie die tiefen Täler der Trauer durchwandert, Erinnerungen geteilt, Tränen vergossen, Herausforderungen bewältigt und auch Momente der Freude erlebt. Die Trauer mag Sie zweifellos geformt und einen Teil Ihrer Geschichte geprägt haben, doch sie definiert Sie nicht. Sie ist ein Kapitel Ihrer Geschichte, aber nicht das letzte Kapitel in Ihrem Leben.

Vielleicht fühlten Sie sich zu Beginn Ihrer Reise verloren und wie in einem undurchdringlichen Labyrinth gefangen. Mit den Werkzeugen, Einsichten und Erkenntnissen, die Sie auf Ihrer Reise gewonnen haben, sind Sie nun aber bereit, um mit Hoffnung und Entschlossenheit in die Zukunft zu blicken.

Ihre Reise der Trauerbewältigung findet auf den letzten Seiten dieses Buches kein Ende. Trauer hat keinen linearen Verlauf und jeder Mensch trauert auf seine individuelle Art und Weise und in seinem eigenen Tempo. Die Trauerarbeit ist damit also ein fortwährender Prozess des Lernens, des Heilens und des Wachsens. Dieses Buch wird Ihnen immer als wertvoller Wegweiser Unterstützung bieten und Sie daran erinnern, dass Sie die Fähigkeit zur Selbstheilung besitzen und die Gabe haben, selbst in den dunkelsten Stunden Hoffnung zu finden.

In jedem Abschied verbirgt sich auch ein Neubeginn und in jedem Ende liegt die Chance auf einen neuen Anfang. Möge dieses Buch Ihnen Geborgenheit bringen und Ihnen dabei helfen, das Licht am Ende des Tunnels zu finden und Ihr Herz mit Hoffnung und Zuversicht zu füllen.

Literatur

- Fiedler, G. & Bartsch, R. (Hrsg.) (2013): Praktische Trauerarbeit: Interventionen für Therapeuten und Berater. Vandenhoeck & Ruprecht.
- Kast, V. (2011): Die Kunst der Trauerbegleitung: Ein Praxisbuch für Pflege- und Sozialberufe. Beltz Verlag.
- Kübler-Ross, E. & Kessler, D. (2005): On grief and grieving: Finding the meaning of grief through the five stages o floss.
- Lindemann, E. (1985): Symptomatische Psychotherapie der Trauer. Stuttgart: Klett-Cotta Verlag.
- Neimeyer, R. A. (2012): Techniques of grief therapy: Creative practices for counseling the bereaved.
- Schmid, P. F. (2008): Abschiednehmen: Verlust, Trauer und neue Hoffnung. Gütersloh. Güterloher Verlagshaus.
- Worden, J.W. (2008): Grief counseling and grief therapy: A handbook for the mental health practioner. Springer Publishing Company.